LE MALAIS VULGAIRE

DU MÊME AUTEUR :

GRAMMAIRE MALAYE

AVEC LE

SYSTÈME GRAPHIQUE ARABE-MALAY ET LE SYSTÈME JAVANAIS

Paris, 1868. — Prix : 5 francs.

LE MALAIS VULGAIRE

PREMIÈRES NOTIONS GRAMMATICALES

DE LA

LANGUE MALAISE OU MALAYE

DIALOGUES ET VOCABULAIRE

FRANÇAIS-MALAIS

Par ALFRED TUGAULT

PRIX : 4 FRANCS

PARIS

MAISONNEUVE & Cie

15, quai Voltaire

MARSEILLE

CAMOIN, Libraire

Rue Cannebière

1872

INTRODUCTION

La langue malaise ou malaye est en quelque sorte universelle sur toutes les côtes et dans toutes les sociétés mercantiles de l'archipel Indien ; elle règne dans toute la mer des Indes, et, là où elle n'est point parlée comme idiome national, elle est employée de la même manière que la langue franque dans les échelles du Levant, comme moyen de communication dans les transactions commerciales, et dans les rapports journaliers avec les serviteurs de différentes races. Elle doit ce privilége au trafic étendu que les Malais, peuple essentiellement navigateur, ont fait durant plusieurs siècles dans cette partie du monde maritime ; elle le doit aussi à l'extrême simplicité de ses formes grammaticales, à la facilité, la douceur de sa prononciation. Il n'est point, en effet, de langue dont la connaissance théorique et pratique soit plus facile à acquérir. Les Français, surtout, sont regardés en Malaisie comme le peuple qui la prononce le mieux.

Mon intention n'est pas d'entrer ici dans aucun détail sur l'origine et la formation de cet idiome; ce sujet a été traité dans l'introduction de la grammaire malaye que j'ai publiée en 1868. Je ferai seulement remarquer que cette langue, après avoir, comme la civilisation du peuple qui la parlait, jeté un certain éclat dès le milieu du XIIIe siècle et durant le XIVe, s'est vue envahie par l'introduction de mots portugais, anglais et hollandais, et qu'après avoir dégénéré sous l'influence étrangère, elle prit deux formes principales : le malais littéral et le malais vulgaire ; qu'enfin l'idiome vulgaire s'est divisé lui-même en deux dialectes principaux, celui de Malaca et celui de Batavia. Toutefois ces différences de dialectes sont insignifiantes et ne sauraient, en aucune façon, être comparées à celles qui existent dans plusieurs autres langues.

J'ai dit que le malais était d'une extrême simplicité de formes; en effet, point de conjugaison du verbe; le passé et le futur s'expriment au moyen d'auxiliaires comme en anglais : *sâya souda pégui* (moi fini allé) je suis allé ; *sâya nanti pégui* (moi attendre aller), j'irai.

Point de masculin ni de féminin ; les sexes se désignent à l'aide d'adjectifs équivalant à mâle et femelle.

La pluralité s'exprime en redoublant le nom : *batou*, pierre, *batou batou* des pierres. On indique aussi, par la réduplication, le superlatif : *beçar*, grand, *beçar beçar*, très-grand.

La numération est des plus faciles à retenir ; c'est le système décimal dans toute sa simplicité. Pour savoir compter en malais il suffit de connaître les noms des neuf unités, et quatre ou cinq noms servant à exprimer les dixaines, les centaines, etc.

Toute la grammaire malaise se réduit, en réalité, à un chapitre, celui des *affixes*. Les affixes sont des syllabes ou particules qui se joignent aux mots simples pour en modifier le sens et former — d'un verbe, un adjectif, un substantif, — d'un adjectif, un verbe, un adverbe, un substantif, — d'un verbe neutre, un verbe transitif, passif, etc. On les nomme *préfixes* ou *suffixes*, suivant qu'elles sont placées au commencement ou à la fin du mot. Il en est dont l'action peut porter sur tout un membre de phrase ; ainsi, il y a une particule interrogative (— *kah*) ; une autre (— *lah*) a une valeur affirmative ou impérative. Toutes ces particules sont très-usitées dans le malay littéral; mais, dans l'idiome vulgaire, on n'emploie guère les mots que dans leur forme simple.

L'utilité de l'étude du malais a été constatée par toutes les personnes qui ont navigué ou séjourné dans l'archipel d'Asie. Voici d'abord ce que dit à ce sujet M. Boze, dans la préface du vocabulaire qu'il a publié en 1825 :

« En présentant ce livre au public, je n'ai « d'autre but que celui d'être utile aux commer« çants et aux navigateurs qui fréquentent l'ar« chipel Indien. La langue malaise, la plus douce « des langues orientales, est la seule usitée dans « l'archipel pour traiter les affaires de commerce, « et toutes les personnes, de quelque nation « qu'elles soient, qui vont dans une de ces îles « pour commercer, ne peuvent employer que cette « langue, soit en la parlant elles-mêmes, soit en « employant des interprètes. Elle est devenue, « pour cette partie du globe, ce qu'est la langue « française en Europe. Chaque peuple de ces con« trées a bien sa langue particulière, que parlent « les habitants de l'intérieur, mais le malais est « généralement parlé sur les bords de la mer. Il « est partout le même, à l'exception de quelques « expressions locales plus usitées dans un endroit « que dans un autre. Ainsi, à Java, le mot *kouping*,

« oreille, est celui que l'on emploie généralement, « tandis qu'à Sumatra on se sert du mot *telinga.* « On dit aussi, à Java, *koumbang*, fleur, et à « Sumatra, *bounga*. Cependant, les mots *kouping* « et *koumbang* sont aussi bien connus à Sumatra « que *bounga* et *telinga* le sont à Java. Celui qui « connaîtra la langue se fera comprendre dans « tous les ports de l'archipel. »

Dans une lettre qui fut insérée, en 1840, au journal Asiatique, le naturaliste Lesson s'exprime ainsi :

« *Je regarde la langue malaise comme d'une uti-* « *lité première pour un peuple navigateur.* Généra- « lement parlée sur tous les rivages de ces grandes « terres de l'Est, depuis la Sunda jusqu'à la Nou- « velle-Guinée, depuis les Philippines jusqu'à la « presqu'île de Malaca et à Timor, elle intéresse « au plus haut point nos relations commerciales. « A l'aide du malais, nos commerçants opèreront « sûrement des transactions trop souvent inter- « rompues par le meurtre et le pillage, nés par- « fois de malentendus. Marsden et Crawfurd ont « rendu à la philologie de grands services, et de « plus grands encore peut-être au gouvernement « anglais. Si les autres nations l'emportent sur « nous par les spéculations lointaines, elles le doi- « vent à leur possession de moyens de communi-

« cation plus sûrs, à des idées plus arrêtées sur « les mœurs, les préjugés des nations étrangères, « toutes choses qui naissent de la connaissance « de la langue d'un peuple, et de ses productions « littéraires qui en sont le reflet. »

Le savant navigateur De Freycinet s'est également, à la même époque, prononcé en faveur de l'enseignement de la langue malaise, et son opinion, jointe à celle de Lesson, contribua à faire créer une chaire à Paris. « *Je ne crains pas d'avancer* — « avait écrit M. de Freycinet — *que la propagation* « *parmi nous de la langue malaise serait un des* « *services les plus éminents qu'on pût rendre au* « *commerce et à la navigation des mers orien-* « *tales.* »

En 1856, un capitaine au long cours du Havre, M. Ch. Bougourd, a publié une traduction d'un vocabulaire anglais-malais. « C'est bien à vous, « chers collègues, — dit-il dans sa préface, — « que cet ouvrage est destiné. Mon but est de « vous épargner mille ennuis, et de vous mettre « à l'abri d'inconvénients inévitables en vous ren- « dant familière cette langue, la seule parlée dans « les îles de la Sonde, les Moluques, les détroits « et sur la presqu'île malaise. »

Si, à une époque où la France ne possédait encore aucun établissement au-delà du détroit de

Malaca, et n'entretenait que peu de relations avec l'extrême orient, l'étude du malais était déjà considérée comme d'une utilité première pour notre commerce maritime, à plus forte raison doit-elle être encouragée aujourd'hui que la Cochinchine est devenue colonie française, et que le canal de Suez, rapprochant les distances, a mis Singapour en communication directe avec Marseille. Les Anglais et les Hollandais, qui pendant si longtemps se sont partagé le monopole du trafic dans ces contrées, ne peuvent avoir à cœur d'y favoriser notre influence et d'y étendre nos relations commerciales ; il est permis de douter qu'ils puissent être pour nous des intermédiaires dévoués ; or, le seul moyen de faire en Malaisie nos affaires nous-mêmes, c'est d'apprendre à parler le malais. Telle a sans doute été l'opinion de S. Exc. M. Duruy, ministre de l'Instruction publique, lorsqu'il me fit l'honneur de m'envoyer, comme ancien élève de l'Ecole impériale des langues orientales vivantes, en mission en Malaisie, pour y comparer les différents dialectes et y réunir les matériaux nécessaires à la rédaction d'un ouvrage essentiellement pratique pour l'enseignement du langage usuel. Le livre que je publie aujourd'hui est le résultat des études faites durant ce voyage. Il est rédigé dans le dialecte de Malaca, qui est celui qui se rapproche plus du malais littéral, et dont l'emploi est le plus répandu ; mais je ferai également connaître les locutions particulières au dialecte de Batavia.

Depuis leur conversion à l'islamisme, c'est-à-dire depuis la fin du XIIIe siècle, les Malais ont adopté le système graphique des Arabes, système défectueux en ce sens qu'il ne donne pas le son des voyelles (toutes les voyelles brèves y sont supprimées, et il n'y a que trois lettres pour les cinq voyelles longues). La connaissance de cette écriture est indispensable à quiconque veut étudier sérieusement le malais littéral, mais elle est inutile pour apprendre à parler le langage vulgaire. Plusieurs systèmes de transcription ont été employés par les missionnaires et par les orientalistes ; celui que j'ai adopté pour ce livre reproduit, je crois, aussi exactement que possible, les sons malais, sauf, comme on le verra, ceux de ***an***, ***en***, ***in***, ***on***, ***ing***, ***am***, etc., dont je ne pouvais figurer la prononciation sans défigurer complètement les mots ; il ne m'a pas semblé possible d'écrire ***tignegalkanne*** pour ***tinggalkan***.

J'ai supprimé ***h*** initial muet, lettre inutile dont l'emploi est facultatif dans l'écriture arabe. Je supprime également ***h*** final et médial, excepté lorsqu'il indique la prononciation ou la signification d'un mot, comme dans *bahasa*, idiome, langage (*h* légèrement aspiré); *bâwah*, sous, *bâhwa*, voici, (*bâwa*, porter).

J'écris *berdjâlan*, *mengapa*, *mendjadi*, etc., et non beurdjàlan, meungapa, meundjadi, parce que j'ai entendu prononcer ces mots des deux manières et que l'on doit, autant que possible, simplifier la transcription.

Quant au caractère composé *tj*, que j'ai adopté au lieu de tch, ch, x, ti, son emploi ne peut avoir aucune importance puisqu'il représente une consonne étrangère à notre langue. C'est du reste ainsi qu'elle est figurée dans les transcriptions hollandaises.

PREMIÈRES NOTIONS GRAMMATICALES

DE LA

LANGUE MALAISE

PRONONCIATION

E se prononcera comme dans breton, venir; *è*, très-peu ouvert, comme dans pièce, modèle; *é*, très-fermé.

O se prononce toujours *ô*.

Il y a en malais trois consonnes qui n'existent pas dans notre langue; nous les représentons par *dj, tj, ng*.

La prononciation du *dja* se rapproche beaucoup de dia : *djâri*, doigt, *djoumour*, exposer à l'air, au soleil, prononcez presque diâri, dioumour.

Le son du *tja* est entre tcha et tia : *tjâri*, chercher, *tjouri*, voler, dérober, prononcez presque tiâri, tiouri.

La valeur du *nga* varie suivant les cas : *ang, ong*, non suivis de voyelle, équivalent à nos nasales an, on : *orang*, personne, *tangkap*, saisir, *kârong*, sac, *bongkous*, paquet, prononcez oran, tancap, câron, boncousse. Le *g* final ne peut faire liaison : *orang itou*, cette personne, prononcez oran itou.

Suivi d'une voyelle, le ng malais se rapproche de notre gn (dans agneau) : *tangan,* main, *angin,* vent, prononcez presque tan-guanne, an-gninne.

Ing, suivi ou non de voyelle, se prononce toujours igne, comme dans les participes anglais : *daguing,* viande, *kambing,* chèvre, *tinggal,* demeurer, *ingin,* désirer, prononcez daguigne, cammbigne, tignegal, igninne.

N, *m*, ne forment jamais de son nasal comme en français : *djantan*, mâle, *perampouan* ou *prompouan,* femme, *minta,* prier, *rompot,* de l'herbe, prononcez dianntanne, perammpouanne ou prommpouanne, minnta, rommpotte.

A la fin des mots, *q* est muet : *anaq,* enfant, *pendeq,* court, *teloq,* baie, prononcez ana, pendè, telo. (Je n'ai pu supprimer cette lettre dans ma transcription parce qu'elle se prononce légèrement dans le dialecte de Batavia.)

Toute autre consonne finale doit se faire entendre nettement : *sâket,* malade, *dekat,* près, *amas,* de l'or, prononcez sâkette, dekatte, amasse.

Y se prononcera comme dans Bayonne, comme *ï* dans faïence; *ey* comme *eil* dans soleil; *ay* comme ail dans éventail.

W comme ou dans oui : *bâwa,* porter, prononcez bâ-oua. La terminaison *aw* se prononcera aou, en ne faisant entendre que très faiblement le son *ou*.

Dans la prononciation régulière, *i, ou,* suivis d'une voyelle, ne font jamais diphthongue avec elle comme dans oui, panier; ils doivent se prononcer distinctement comme dans prié, troué. Cette règle n'est pas toujours observée dans la conversation; lorsqu'elle devra l'être nous l'indiquerons à l'aide de y, w (ou de h, si telle est l'orthographe du mot :) *iya*, oui, *lihat*, voir.

Ce que l'on devra surtout retenir, c'est que :

1° — **an, en, in, on, am, em, im, om,** *se prononcent toujours* **anne, enne, inne, onne, amme,** etc., excepté dans les syllabes **ang, ong**, non suivies de voyelles, qui se prononcent an, on.

2° — **Ing** se prononce toujours igne.

3° — **Q** final est toujours muet.

PRONOMS PERSONNELS

Akou, je, moi, est impérieux ou solennel, aussi est-il très-peu usité dans la conversation.

Goa, je, moi, pronom d'origine chinoise, n'est employé que par les Chinois.

Sâya, signifie proprement « serviteur ». C'est la locution généralement employée par les Européens aussi bien que par les indigènes pour exprimer *je, moi*, même en parlant à des inférieurs.

Kita, nous, est aussi usité au singulier par quelques Européens en parlant à des inférieurs, bien qu'il soit de règle que les princes et les hauts fonctionnaires puissent seuls l'employer ainsi.

Kâmi, nous.

Kâmou et *angkao,* toi ou vous, sont très-peu usités dans la conversation.

Lou, toi, est le pronom dont on doit le plus éviter de se servir. On ne dit *lou* qu'à un gamin des rues, ou à un serviteur, un couli (porteur), un saïs (cocher) auquel on veut exprimer son mécontentement.

Touan, qui signifie maître, monsieur, est la seule locution polie pour exprimer *vous.* Les Européens ne l'emploient pas à l'égard des indigènes de condition inférieure, et, comme ils évitent de se servir de *kamou, d'angkao* et surtout de *lou*, ils sont obligés d'avoir recours à d'autres locutions. Ainsi l'on dira à un employé du nom d'Ali, au lieu de *vous* pouvez sortir, *Ali* peut sortir; à un saïs, au lieu de : où est *votre* voiture? on dira : où est la voiture *du saïs?* A un frère, au lieu de si *tu* veux m'attendre, je sortirai avec *toi,* on dira : si *frère* veut m'attendre, je sortirai avec *frère.* Les noms de parenté sont même ainsi employés quelquefois par les Européens à l'égard des indigènes auxquels ils veulent témoigner de la considération ou de la bienveillance.

Aux Chinois, surtout à ceux qui sont nés en Malaisie, on dit *baba;* mais ce titre ne se donne pas aux Chinois de basse condition.

Aux dames européennes, on dit *mam.* Aux dames ou femmes de charge portugaises ou métisses, on dit *gnôgna.* Aux jeunes filles de même race, *nôna.*

Dia (*iya* dans le malais littéral), il, lui, elle. *Dia orang,* ils, eux, elles.

Orang (personne, gens), peut s'employer ainsi en signe de pluralité avec certains pronoms : ***sâya orang***, ***kita orang***, nous; ***kamou orang***, ***lou orang***, vous, vous autres. Le pluriel de ***touan*** est ***touan-touan***, messieurs.

PRONOMS SUFFIXES, emploi de **pougna**

Le génitif de relation ou de possession peut s'exprimer par la juxta-position :

Rouma râdja, maison de roi, ou la maison du roi ;

Arga dagangan, prix des marchandises;

Babi outan, cochon des bois, cochon sauvage.

De même avec les pronoms :

Kampong sâya, mon campon (enclos);

Negri kami, notre pays.

En pareil cas, ***akou*** et ***kamou*** perdent leur première syllabe pour devenir suffixes, et *dia* se change en ***gna*** :

Bâpa-kou, mon père ; *nâma-mou*, votre nom; ***anaq-gna***, son enfant.

Dans le langage vulgaire, la possession s'exprime presque toujours par le mot *pougna*, employé comme ***'s*** dans ***king's house*** :

Râdja pougna rouma, la maison du roi;

Sâya pougna abang, mon frère aîné ;

Touan pougna kaka, votre sœur aînée;

Dia pougna adé, son frère cadet, sa sœur cadette.

NOMS DE NOMBRES

1	satou, sa.	70	toudjou pouloh.
2	doua.	71	toudjou pouloh satou.
3	tiga.	80	delapan pouloh.
4	ampat.	90	sambilan pouloh.
5	lima.	100	sa-ratous.
6	anam.	200	doua ratous.
7	toudjou.	1,000	sa-ribou.
8	delapan.	2,000	doua ribou.
9	sambilan, sbilan.	10,000	sa-laksa ou sa-pouloh ribou
10	sa-pouloh.	100,000	sa-keti, ou sa-pouloh laksa
11	sa-blas.	1,000,000	milion.
12	dua blas.		
13	tiga blas.		
20	doua pouloh.		
21	doua pouloh satou.		
30	tiga pouloh.		

Dans quelques pays on emploie *likor* pour compter de 21 à 29 : sa-likor, doua likor, etc.

Nombres ordinaux : 1er *portâma* ou *yang satou*; 2e *kadoua* ; 3e *katiga*, etc. Ces adjectifs sont ordinairement précédés de *yang*, qui : *façal yang katiga*, chapitre troisième.

Noms fractionnaires : *sa-tenga, stenga*, la moitié; *satou roupia stenga* ou *tenga doua roupia*, une roupie et demie (1); *sa-pertiga*, le tiers; *doua-pertiga*, les deux tiers; *sa-perampat*, le quart (quart se dit aussi *soukou.*)

NUMÉRALES

Dans le malais littéral, on ne peut, à l'égard des personnes, des animaux et de certaines classes de noms ou d'objets, en déterminer le nombre sans y joindre une *numérale*. Nos mots *tête* (de bétail), *pièce* (de monnaie, de linge, de gibier, etc.,) *grain* (de sable, de plomb, etc.,) peuvent, à la rigueur, être comparés aux numérales malaises. Les trois principales sont : *orang*, pour l'homme, *ikor*, queue, pour les animaux, *bidgi*, graine, pour tous les petits objets de forme arrondie : pierres précieuses, balles de fusil, œufs, fruits, etc. Elles sont également usitées dans le malais vulgaire :

Satou orang ou *sa-orang inggris*, un Anglais :

Anaq radja doua orang, deux fils de roi, deux princes;

Kâmi nanti makan bourong bourong dâra, pada satou orang ada satou ikor, nous mangerons des pigeons, il y en a un par personne;

(1) *Tenga*, ainsi employé, ne porte donc pas sur la totalité du nombre, mais seulement sur la dernière unité. De même on peut dire : *tenga tiga pouloh*, au lieu de *doua pouloh lima* (25); *tenga doua ratous*, au lieu de *sa-ratous lima pouloh* (150), etc.

Ayam lima anam ikor, cinq ou six poulets ;

Dâlam kawan biri biri itou, brapa ada ikor ? sa-ratous ikor, kira-kira, dans ce troupeau de moutons, combien y a-t-il de têtes (de queues) ? Cent, environ ;

Bouwa pâla tiga bidji, trois noix muscades ;

Telor iteq ampat bidji, quatre œufs de canard.

DE LA RÉDUPLICATION

Le redoublement d'un nom indique la pluralité : *kaïn,* tissu, *kaïn kaïn,* des tissus. Avec les adjectifs et les adverbes, il exprime le superlatif : *bagous,* beau, *bagous bagous,* très-beau ; *dekat,* près, *dekat dekat,* tout près.

Le redoublement s'applique également aux verbes : *maïn,* jouer, *maïn maïn,* s'amuser, se divertir ; *lâri,* courir, *lâri lâri,* courir fort ou longtemps, s'enfuir ; *djâlan,* marcher, *djâlan djâlan,* se promener, parcourir un pays en tous sens.

PARTICULES AFFIXES

Lah est impératif ou affirmatif ; **kah** est interrogatif :

Péguilah, va, allez ;

Touan maokah, voulez-vous ?

Ces deux particules équivalent souvent au verbe *ada,* être :

Inilah yang lebé souka, c'est celui-ci que je préfère ;

Itoulah bagous djouga, celui-là est bien aussi ;

Bourong ini djantankah atau betinakah, cet oiseau est-il mâle ou femelle ?

Ti, ta, tra, particules négatives ;

Tiada, *t'ada*, il n'y a pas, il n'est pas ;

Tida mao, *ta mao*, je ne veux pas ;

Tra boulé, je ne puis.

Ber a le sens de « dans l'état de, muni de » :

Nâma, nom ; *bernâma*, nommé ;

Laki, mari ; *berlaki*, mariée ;

Bini, épouse ; *berbini*, marié ;

Bounga, fleur ; *berbounga*, en fleurs, fleurir ;

Layer, voile ; *berlayer*, sous voiles, mettre à la voile, naviguer ;

Djâlan, chemin, marche ; *berdjâlan*, marcher, se promener.

Ter exprime un effet éprouvé complétement ; il forme des superlatifs et des participes passifs :

Terlebé, le plus, bien plus ;

Ternâma, renommé, célèbre ;

Terbouang, rejeté, abandonné, répudié ;

Tertera di batou, imprimé sur pierre, lithographié (*tera*, impression).

An, ka—an, per—an, forment des substantifs :

Manis, doux ; *maniçan*, douceur, confitures ;

Makan, manger ; *minom*, boire ; *makanan dan minoman*, le manger et le boire, des vivres et des boissons ;

Kirim, envoyer ; *kiriman*, envoi, cadeau ;

Beçar, grand ; *kabeçaran*, grandeur ;

Souda, fini ; *kasoudaan*, fin ;

Râdja, roi ; *karadjaan*, royauté, royaume, règne ;

Djâlan, chemin, marcher ; *perdjalanan*, étape, journée de marche ;

Kata, mot, parler ; *perkataan*, discours, phrase, expression ;

Bouat, faire ; *perbouatan*, action, ouvrage, œuvre.

Se, se—gna, particules adverbiales :

Pandjang, long ; *sepandjang djâlan*, le long du chemin ;

Lâma, ancien, de longue durée ; *selâma*, aussi longtemps que, tant que ;

Songgo, certain ; *sesonggogna*, certainement.

Me, meng, megn, men, mem, particules verbales :

Nanti, attendre, auxiliaire du futur ; *menanti*, attendre ;

Ikot, suivre, suivant, d'après ; *meng-ikot*, suivre ;

Rougui, perte (par opposition à profit) ; *merougui*, perdre ;

Sourat, lettre, écrit ; *megnourat*, écrire.

Kan, particule verbale causative, et **i**, particule transitive, sont ordinairement accompagnées de la précédente :

Obat, drogue, remède ; *meng-obati saorang*, donner des remèdes à quelqu'un ;

Baiq (prononcer *bay*), bon, bien ; *baiki*, *membaiki*, réparer, racommoder ;

Tjeritra, récit ; *mentjeritrakan*, raconter ;

Djato, tomber, *mendjatokan*, faire tomber, renverser ;

Tidor, dormir ; *mentidorkan*, endormir ;

Djao, loin ; *mendjaokan*, éloigner.

Di, particule passive (ne pas la confondre avec **di,** préposition de lieu) :

Bouno, tuer ; *dibouno oulé karbaw*, tué par un buffle (on peut supprimer *oulé*, par.)

Ditjeritrakan, il est raconté.

Pe, peng, pegn, pen, pem, forment des noms d'agents et d'instruments :

Adjar, apprendre ; *orang peng-adjar*, professeur ;

Djait, coudre ; *orang pendjait*, tailleur ;

Tjouri, voler ; *pentjouri*, voleur ;

Samoun, piller ; *pegnamoun*, brigand ;

Sâket, malade ; *pegnaket*, maladie ;

Poukoul, frapper ; *pemoukoul*, marteau.

EXERCICES

Di mâna touan tinggal? — Sâya tinggal di rouma ini.

Ka mâna touan pégui? — Sâya pégui ka rouma touan N.

Dèri mâna touan datang? — Sâya datang dèri paçar ikan.

Kami souda tinggal lâma di negri ini.

Kita nanti pégui ka negri itou.

Tjarlis, tinggal-lah di sini, dekat sâya; djangan lâri ka sini ka sâna; tra-boulé maïn di louar, ada oudjan. Djangan pégui ka louar.

Abang mao mari berdjâlan dengan sâya? — Sakarang t'ada senang, sâya pougna kerdja belom abis, dan lagui ada panas kras. Abis makan, kita nanti klouar (pégui kalouar) sama sama.

(1) Les mots entre crochets sont sous-entendus; ceux entre paren-

EXERCICES

Où demeurez-vous? — Je demeure dans cette maison-ci.

Où allez-vous? — Je vais chez Monsieur N.

D'où venez-vous? — Je viens du marché au poisson.

Nous avons demeuré longtemps dans ce pays-ci.

Nous irons dans ce pays-là.

Charles, reste ici, près de moi; ne cours pas par-ci par-là; tu ne peux pas jouer dehors, il pleut (il y a pluie). Ne va pas dehors.

Mon frère, veux-tu (frère aîné veut .?) venir te promener avec moi? — En ce moment je n'ai pas le temps (maintenant n'ai loisir) ma besogne [n'est] (1) pas encore terminée, et puis il fait bien chaud (il y a chaleur forte). Après dîner nous sortirons ensemble.

thèses donnent la traduction littérale.

Makanan souda abis, dan abislah kîta pougna wang!

Dirouma mâna touan toumpang? — Tida menoumpang lagui, ada berouma sendiri.

Songgo ada bagnaq souça akan touan dan bagnaq belandja.

Boukan, sakarang tida pedouli lagui; ada tiga orang gadji sâdja, boy, dan kouli, dan toukang masaq, tiga orang tjina; dia orang tao apa mester békin saari-ari.

Captèn, bila touan berlayer? — Ampat ari lagui.

Boulé-kah ambel sâya?

Brapa orang touan ada?

Sâya saorang dengan sâya pougna orang gadji satou orang.

Baiq (*prononcer* bay) touan, boulé kaci toumpangan.

Touan nanti kaci makanan sama sâya, tetapi orang gadji nanti makan sendiri; brapa sâya nanti bayar? — Sapouloh ringget.

Ada bagnaq orang menoumpang lagui?

(1) Le boy sert à table et est valet de chambre; c'est presque toujours un jeune homme. Le couli va chercher de l'eau, lave la vaisselle, porte les fardeaux, etc. Toukang maçaq, littéralement ouvrier de cuisson.

Les vivres sont consommés, et [tout] notre argent est dépensé !

Dans quelle maison prenez-vous pension? — Je ne prends plus pension , j'ai moi-même maison [montée].

Ce doit être (assurément c'est) bien du tracas pour vous, et bien de la dépense.

Non, maintenant je ne m'en occupe plus; j'ai trois domestiques (gens à gages) seulement, boy, couli et cuisinier (1), [tous] trois Chinois; ils savent ce qu'ils faut faire chaque jour.

Capitaine, quand mettez-vous à la voile?

Dans quatre jours (quatre jours encore).

Pouvez-vous me prendre [à bord] ?

Combien êtes-vous de personnes?

Je suis seul avec mon domestique (moi seul avec mon domestique une personne).

Bien, Monsieur, je puis vous donner passage.

Vous me donnerez la table (2), mais [mon] domestique se nourrira lui-même; combien vous paierai-je?

Y a-t-il encore beaucoup de passagers?

(2) Vous donnerez le manger à moi. On verra souvent aussi la préposition *sama* employée avec des verbes qui, en français, ne demandent pas de préposition devant leur régime. Dans le malais littéral, *sama* est remplacé par *pada* ou *kapada*, ou *akan*.

Ada touan touan orang pouté sambilan orang, dan doua orang hadji.

Tabé, touan, baguimâna ada touan?

Sâya ada baiq, baba; dan baba, baguimâna ada?

Baiq djouga, touan, trima kaci. Lâma sekali goa tida lihat sama touan; goa bagnaq souka berdjoumpa dengan touan. Brapa lâma touan souda datang?

Ampir satou boulan. Sâya souda datang akan tolong sama sâya pougna adé, sebab laki-gna souda mati kena tjatjar. Baba tao kamatian itou?

Iya, touan, goa souda trima kabar itou dengan bagnaq souça ati. Bila mâna touan nanti poulang ka Poulo Pinang?

Belom tentou, barang-kali delapan sapouloh àri lagui.

Goa kirim goa pougna tabé bagnaq bagnaq sama touan pougna ibou bapa.

Trima kaci, baba, minta kaci tabé sama baba pougna abang.

Orang manouçia.

Saorang laki-laki (*ou* lelaki) dan saorang perampouan (*ou* prompouan).

(1) *Litt.* longtemps tout-à-fait je n'ai pas vu à vous; moi beaucoup content rencontrer avec vous. Combien longtemps vous êtes arrivé?

Il y a neuf messieurs Européens (hommes blancs), et deux pélerins [de la Mecque].

Bonjour Monsieur, comment vous portez-vous ?

Je vais bien, baba ; et vous, comment allez-vous ?

Bien aussi, Monsieur, je vous remercie. Il y a bien longtemps que je ne vous ai vu ; je suis charmé de vous rencontrer. Depuis combien de temps êtes-vous arrivé (1) ?

[Depuis] près d'un mois. Je suis venu pour assister ma sœur (cadette) parce que son mari est mort *atteint* de la petite vérole. Vous avez su cette mort ?

Oui, Monsieur, j'ai appris (reçu) cette nouvelle avec bien de la peine *de cœur*. Quand (temps quel) retournerez-vous à Poulo Pinang ?

Je ne sais pas encore au juste (pas encore certain) peut-être dans huit [ou] dix jours.

J'envoie mes compliments *très-nombreux* à vos *mère et père*.

Merci, baba, je vous prie de donner le bonjour [de ma part] à votre frère (aîné).

Les hommes, le genre humain.

Un homme et une femme.

Sa-kali, une fois, est très-souvent employé dans un sens superlatif. On a vu plus haut *barang-kali*, quelquefois, employé dans le sens de peut-être.

Anaq laki-laki anam orang dan anaq perampouan toudjou orang.

Soudara-gna delapan orang : laki-laki lima orang dan perampouan tiga orang.

Dâlam kawan kambing biri-biri itou brapa ada ikor? — Kira-kira saratous ikor.

Dià mao djoual sama sâya saikor orang outan.

Kambing djantan satou ikor dan kambing betina tiga pouloh ikor.

Ayam djantan ini ada lebé touâ ataw lebé mouda dèri ayam ayam betina itou?

Ibou ayam dengan anaq anaq-gna.

Kaci sama boudaq boudaq ini sa-bidji pisang pada saorang.

Satou poun tida. Saorang poun tiada.

Dia ta mao berkata sama saorang poun.

Tinggoq sama tjitjaq tjitjaq itou. — Saikor poun ta lihat.

Siapa kamou, dan apa mao dèri kita?

Touan! sâya souda dangar touan mao dâpat orang gadji, sâya datang minta touan ambel sâya.

Brapa oumour dan apa nâma-mou dan negri-mou?

(1) *Orang outan*, homme des bois, et non *orang outang*, comme

Six garçons et sept filles.

Ses frères et sœurs [sont au nombre de] huit personnes : cinq frères et trois sœurs.

Dans ce troupeau de moutons combien y a-t-il de têtes (de queues) ? — Environ cent têtes.

Il veut me vendre un orang-outan (1).

Un [seul] bouc et trente chèvres.

Ce coq est-il plus vieux ou plus jeune que ces poules ?

Une mère poule avec ses poussins.

Donnez une banane à chacun de ces enfants (donnez à ces enfants une banane à chacun).

Pas un seul, rien. Il n'y a personne.

Il ne veut parler à personne.

Regardez ces lézards. — Je n'en vois pas un seul.

Qui êtes-vous et que voulez-vous de moi ?

Monsieur, j'ai entendu [dire] que vous cherc[...] (voulez trouver) un domestique, je viens vous prier de me prendre.

Quel âge [avez-vous] et quel [est] votre nom et votre pays ?

écrivent les naturalistes, ce qui signifierait homme de dettes.

Oumour sâya doua pouloh tahon, touan, dan nâma sâya Ahmed, dan sâya pougna negri Poulo Nias.

Sama siapa Ahmed souda makan gadji daoulou ?

Di rouma touan N. Touan itou souda poulang ka negri-gna, sebab itou-lah sakarang sâya tada bertouan.

Baiq-lah, Ahmed boulé tinggal di sini.

Apa kerdja sâya, touan ?

Di rouma sâya tiada kerdja yang tentou ; barang yang sâya souro, itoulah nanti bekin.

Sâya, touan.

Tinggalkan barang barang itou, orang dèri kapal nanti ambel dia itou.

Boukan béguitou, touan, kita orang yang bâwa barang barang di kapal.

Baiq-lah, ambel dia itou ; tetapi doua orang tjoukoup.

Touan, kami lima orang, kaci stenga roupia lagui.

Apa ? lou tada mâlo ? lou mari lima orang akan antar barang barang yang boulé dibâwa oulé doua orang sâdja ! Ta mao kaci lebé dèri yang patot.

(1) *Barang yang*, quoi que, quelque chose que. *Yang tentou*, qui

J'ai vingt ans, Monsieur, je me nomme Ahmed, et je suis de Poulo Nias (île de Nias).

Chez qui avez-vous servi (mangé des gages) avant?

Chez Monsieur N. Ce monsieur est reparti pour son pays; voilà pourquoi en ce moment je n'ai pas de maître.

C'est bien, vous pouvez rester ici.

Quelle [sera] ma besogne, Monsieur?

Chez moi il n'y a pas de besogne spéciale; tout ce que je commanderai, vous le ferez (1).

Oui, Monsieur (serviteur, Monsieur).

Laissez ces bagages, les hommes du navire les prendront.

Ce n'est pas ainsi [que les choses se passent] Monsieur, c'est nous qui portons les bagages à bord.

Eh bien, prenez les; mais deux hommes suffisent.

Monsieur, nous étions cinq, donnez encore une demi roupie.

Quoi, n'êtes-vous pas honteux? vous venez à cinq pour porter des bagages qui peuvent être apportés par deux hommes seulement! Je ne donnerai pas plus qu'il convient.

assuré, qui déterminé; cet emploi du pronom *yang* avec les adjectifs est très-fréquent.

Touan ! kaci lima blas cènt lagui !

Djangan gadou ; djika lou ouciq sama kita, kita nanti bayar sama lou dengan rotan ini. Lou piker kita orang bâro, tapi kita tao apa matjam lou orang.

Sâya dobi touan.

Brapa oupa-gna baço doua blas ley kaïn, dobi ?

Tiga poulo cènt satou doucin, touan, tapi lebé baiq, touan, bayar gadji boulan boulan ; lebé senang.

Sâya tao di negri ini orang dobi pakey satou matjam baço yang binaçakan kaïn ; dia orang tjampour kapour dengan satou matjam tâna, dan setla rebous, lalou palou (*ou* banting) kaïn itou diatas batou.

Djangan tâkot touan pougna kaïn djadi binaça.

Djangan boubo bagnaq kandji sama kamedja itou, dan strika baiq baiq.

Brapa ada kaïn kaïn kotor sakarang ?

Klouarkan dèri dâlam poundi itu, acinglan satou satou matjam, kemdien bilangkan, sâya nana toulis.

Boy, taboulé dâpat sâya pougna pencil (1).

Ta-ouça tjâri lagui, souda hilang. Inilah kalam, dan dawat (*ou* tinta) ; touan mao kartas ?

(1) Ou *kalam tima*, plume d'étain.

Monsieur! donnez encore quinze sous!

Ne soyez pas importuns; si vous m'ennuyez je vais vous payer avec ce rotin. Vous pensez que je suis nouveau [venu dans ce pays] mais je sais quelle espèce [de gens] vous [êtes].

Je suis blanchisseur, Monsieur.

Combien prenez-vous par douzaine de pièces? (combien votre salaire laver douze pièces de linge).

Trente sous (100mes de piastre) la douzaine, monsieur, mais [il vaudrait] mieux vous abonner (payer des gages) au mois; c'est plus commode.

Je sais que dans ce pays-ci les blanchisseurs emploient un mode de lavage qui abîme le linge; ils mêlent de la chaux à une [certaine] espèce de terre, et, après [avoir fait] bouilir [le linge dans ce mélange] ensuite ils le battent sur une pierre.

Ne craignez pas que votre linge soit (devienne) abîmé.

Ne mettez pas beaucoup d'empois à ces chemises, et repassez-les bien.

Combien avez-vous de linge sale maintenant?

Sortez (le) de ce sac, triez-le (séparez chaque espèce) ensuite comptez, je vais écrire.

Boy, je ne puis pas trouver mon crayon.

Inutile de chercher davantage, il est perdu. Voici une plume et de l'encre; Monsieur veut-il du papier?

Boukan, ada satou boukou ketjil akan souratkan bilangan kain kain; kaci dia itou, ada diatas kitab kitab itou. Tampat dawat ini korang soutji, djangan loupa soutjikan dia itou.

Touan, sâya bâwa kambali touan pougna kain kain.

Bilang dia itou, kami nanti lihat djika ganap atao korang. Sâya souda kaci dua pouloh ley.

Semouagna ada, touan, melaïnkan satou sârong bantal; sâya boulé ganti dia.

Sârong kaki (1) ini tada soutji, dan sapou-tangan (2) ada kouning sekali. Kain boulou ini boukan sâya pougna.

Souda toukar dengan kain orang lain; sâya nanti preksa itou.

Touan tao kata malayou? — Tao sediket, tetapi taboulé mengarti orang malayou yang berkata sama sâya, sebab dia orang tjakap amat lakas. — Bahaça malayou itou moudah (3) sekali; ada bagnaq orang pouté yang boulé toutor maski belom beladjar anam

(1) *Sârong*, fourreau, étui; *kaki*, pied. — *Sârong tangan*, gants; *kain sârong*, la jupe malaise.

(2) *Sapou*, *megnapou*, essuyer, frotter, balayer; *sapou*, *pegnapou*, balai, torchon. *Sapou tangan* ne signifie pas essuie-mains, mais bien torchon de main. Si les Malais ont donné ce nom au mouchoir, au lieu de l'appeler *sapou idong* (essuie-nez), c'est sans doute parce qu'ils ont,

Non, il y a un carnet (un livre petit) pour écrire le compte du linge ; donne-le, il est sur ces livres. Cet encrier (4) n'est pas propre (manque de propreté) n'oublie pas de le nettoyer.

Monsieur, je vous rapporte votre linge.

Comptez-le, nous allons voir si [le compte est] complet ou s'il manque [quelque chose]. J'ai donné vingt pièces.

Tout y est, Monsieur, excepté une taie d'oreiller ; je puis vous la remplacer.

Ces chaussettes ne sont pas propres, et les mouchoirs sont tout jaunes. Ce gilet de flanelle (ce linge de poil, ce lainage) n'est pas à moi.

Il aura été changé avec celui d'une autre personne ; je vais voir (examiner) cela.

Vous savez parler malais ? — Un peu, mais je ne puis comprendre les Malais qui me parlent, parce qu'ils parlent trop vite. — La langue malaise est extrêmement facile ; il y a beaucoup d'Européens qui peuvent converser en moins de six mois d'étude (quoique pas

comme la plupart des orientaux, l'habitude de se moucher avec les doigts.

(3) *Moudâh*, facile ; *mouda*, jeune, clair (de couleur). Facile se dit aussi *gampang*.

(4) *Tampat*, lieu, s'emploie aussi dans le sens de réceptacle, vase : *tampat siri*, boîte au bétel, *tampat goula*, sucrier, *tampat garam*, salière, *tampat mignaq*, huilier, etc.

boulan lamagna ; tetapi touan orang bâro datang, beguimâna touan souda biaça bahaça itou ? — Souda beladjar di kapal dengan satou kitab yang dikarang oulé saorang prantjis.

Beguimâna touan bilang itou tjâra malayou ?

Beguimâna bougnikan perkataan ini, dan apa artigna?

Minta touan tjakap plan-plan (*pour* pelahan pelahan).

Sâya souda batja sourat itou dan mengarti bougnigna (1).

Toulong salin icigna sama sâya (2).

Sâya souda dangar tuan pougna ibou ada sâket ; apa sâketgna ?

Ada salisma sâdja, dengan demam sediket ; ada batou kras, tetapi kami arap doua tiga ari lagui dia boulé bangoun.

Néneq laki laki ada saket prout, tetapi boukan tjirit dâra.

Pegnaket itoulah yang kabagnakan di negri negri ini.

Orang itou ada saket paya ; dia pougna doukoun piker dia ampir mati. Souda bouang dâragna doua kali.

(1) *Bougni* signifie proprement son, bruit (*bougni-bougnian*, orchestre, musique ; *berbougni*, résonner) ; mais *bougni sourat* signifie termes d'une lettre, libellé.

(2) *Toulong*, *tolong*, aider, obliger ; *salin*, transvaser, changer (de

encore étudié six mois durant) ; mais vous, Monsieur, vous êtes nouvellement arrivé, comment avez-vous déjà acquis la pratique de (comment avez-vous été habitué à) cet idiome ? — J'ai appris sur le navire avec un livre qui a été rédigé par un Français.

Comment dites-vous cela en (à la manière) malais?

Comment prononcez-vous ce mot, et que signifie-t-il? (Quoi son sens?)

Je vous prie de parler lentement (ou doucement).

J'ai lu cette lettre et j'en ai compris le contenu.

Veuillez me la traduire.

J'ai appris (entendu) que votre mère était malade; qu'est-ce qu'elle a ?

C'est un rhume seulement, avec un peu de fièvre (fièvre un peu); elle tousse très-fort (elle a toux dure); mais nous espérons que dans deux ou trois jours elle pourra se lever.

Mon grand-père a la diarrhée (malade du ventre); mais il n'a pas de dyssenterie (excréments de sang.)

C'est la maladie la plus fréquente dans ces pays-ci.

Cet homme est très-gravement malade; son médecin pense qu'il est près de mourir. Il l'a saigné (il a jeté son sang) deux fois.

vêtements) ; *ici*, le contenu. — *Ici prout*, les intestins (le contenu du ventre) ; *ici klapa*, l'amende d'un coco ; *berici*, plein de ; *ici*, *mengici*, *icikan*, emplir, charger (une arme).

Sâya saket kapala.

Sâya mao makan angin diatas gounong.

Ada touli sadiket.

Dia bouta sablâ.

Obat ini terlalou paït.

Sapada (1), pasang palita, padam lilin lilin; taro médja (*ou* méça).

Souda sedia makanan di médja, touan.

Boun sing! Kipas (*ou* mengipas).

Sobat, mari sini, doudoq di sici sâya.

Kain medja ada kotor; garfou dan sondouq lagui tada brici. Mâna sâya pougna touâla? — Inilah, touan.

Angat soup ini.

Boy, tjabot soumbat botol anggor; touang satou glas sama touan, peno peno. — Boukan, stenga sâdja.

Barang-kâli touan lebé souka bir?

Daguing ini korang maçaq; angkat pinggan itou, dan simpan akan beçoq.

(1) Sur quelques points de la Malaisie, on appelle les domestiques *sapada*. Ce mot, qui est évidemment une contraction de *siapa ada* (qui est là?) était sans doute employé autrefois comme ce terme d'appel que l'on trouve dans nos anciennes comédies : holà! quelqu'un.

J'ai mal à la tête, j'ai la migraine.

Je veux respirer l'air (manger le vent) sur la montagne.

Il est un peu sourd.

Il est borgne (aveugle d'un côté).

Cette médecine est très-amère.

Garçon, allume la lampe, éteins les bougies; dresse la table.

Le dîner est servi (est prêt le manger sur la table), Monsieur.

Boun sing! Agite le panca (2).

Mon ami, venez ici; asseyez-vous à côté de moi.

La nappe est sale; les fourchettes et les cuillers ne sont pas propres non plus (*lagui*, aussi). Quelle est ma serviette? — La voici, Monsieur.

Cette soupe est brûlante (*ou* très-épicée).

Boy, débouche (arrache le bouchon) une bouteille de vin; verse un verre à Monsieur, tout plein. — Non, à moitié seulement.

Peut-être aimez-vous mieux la bière?

Cette viande n'est pas assez cuite (manque de cuisson); emporte ce plat et garde-le pour demain.

(2) Le panca est un grand éventail suspendu au plafond. C'est ordinairement un jeune Chinois qui l'agite au moyen d'un long cordon. *Kipas* signifie éventail et éventer; *mengipas*, éventer.

Sobat mao daguing lembou (*ou* sapi).

Ada daguing anaq kambing dan anaq domba, paw babi dan paw domba, kapala dan kaki anaq lembou.

Toulong kaci dèri kouâ itou.

Boy, kaci piring. Piço ini korang tadjam; djangan loupa menadjam dia.

Sobat souka daguing kourous ataw lemaq? — Toulong kaci kadouagna.

Lemaq dan mignaq babi.

Lida, djantong, limpa, outaq, toulang, outaq toulang, rouçouq.

Souçou (*ou* ayer souçou), mantéga dan kedjo.

Ayam panggang (*ou* ayam tounou).

Touan mao satou sâyop ataw dèri toubo?

Ayam belanda, iteq, angsa, bourong dâra.

Telor maçaq kras dan telor tenga maçaq dâlam ayer. Koulit, pouté dan kouning (*ou* méra).

Ikan laout dan ikan soungey, dan ikan kring; oudang dan tiram (*ou* sipout).

Roti bâro dan roti lâma dan nâci.

Bâwang méra dan bâwang pouté dan tjendawan.

Oubi benggala dan oubi manis rebous; koubis,

Mon ami, voulez-vous du bœuf?

Il y a du chevreau et de l'agneau, du jambon (cuisse de porc) et un gigot de mouton, une tête et des pieds de veau.

Veuillez (aidez) me donner de cette sauce.

Boy, donne des assiettes. Ce couteau ne coupe pas; n'oublie pas de l'aiguiser.

Aimez-vous le maigre ou le gras? — Veuillez me donner des deux.

Du lard et du saindoux.

La langue, le cœur, le foie, la cervelle, les os, la moëlle, les côtes.

Du lait, du beurre et du fromage.

Un poulet rôti.

Voulez-vous une aile ou de la carcasse (du corps).

Dinde, canard, oie, pigeon.

Des œufs durs et des œufs à la coque (à moitié cuits dans l'eau). La coquille, le blanc et le jaune (*ou* le rouge).

Du poisson de mer et de rivière, du poisson sec; des crevettes et des huîtres.

Du pain tendre et du pain rassis (nouveau et ancien) et du riz [bouilli].

Des oignons, de l'ail et des champignons.

Des pommes de terre et des patates douces bouillies;

katjang idjaw, katjang pouté dan katjang méra (1); timon dan semanka, dan sayor sayor yang laïn.

Boa ini belom maçaq; boa manta kaci saket.

Boa delima dan papaya, limaw manis dan limaw açam. Mangguis tiada, belom moucim-gna.

Saboa nior (*ou* klapa) mouda dengan ayergna.

Di negri ini, taboulé dâpat boa anggor; pokoq anggor ta djadi (2).

Siapa mao tjampour selada itou?

Ada tjoukoup mignaq dan tjouka?—Iya, tapi korang siket garam dan lada.

Goula batou dan goula pacir, ayer madou dan maniçam.

Segala matjam rempa rempa: koulit manis, boa pâla dan boa tjenké, lada méra dan gouley.

Apa matjam yang bakou itou? — Agar agar; orang tjina yang bouat itou dèri satou djenis rompot laout.

Kawa ini korang goring. Taro brandi dalamgna.

Boy, kaci roko dan âpi.

(1) *Katjang idjaw*, pois verts. Toutes les graines en gousses sont appelées katjang. Il y a aussi les *katjang tâna*, pois de terre, que nous nommons pistaches de terre ou arachides. On les vend grillées; on les appelle alors *katjang goring*.

des choux, des pois, des haricots blancs et rouges; des concombres, des pastèques et autres légumes.

Ces fruits ne sont pas mûrs; les fruits verts donnent du mal.

Des grenades et des papayes, des oranges et des citrons (limons doux et acides). Il n'y a pas de mangoustans; ce n'est pas encore la saison.

Un coco *jeune* avec son lait (son eau).

Dans ce pays-ci on ne peut pas avoir de raisin; la vigne n'y vient pas.

Qui veut retourner (mêler) la salade?

Y a-t-il assez d'huile et de vinaigre? — Oui, mais il manque un peu de sel et de poivre.

Du sucre en pain (en pierre) et en poudre (en sable), du miel et des confitures (des douceurs).

Toutes espèces d'épices: cannelle (écorce douce), muscades, clous de girofle, piment, carry.

Quelle est (cette substance) qui est en gelée (coagulée). — De l'agar agar; ce sont les Chinois qui font cela avec une espèce d'algue marine (d'herbe de mer).

Ce café n'est pas assez brûlé. Mettez-y de l'eau-de-vie.

Boy, des cigares et du feu.

(2) *Pokoq* ou *pohon*, tige, tronc, forment des noms d'arbres et de plantes arborescentes; *boa âra*, figue, *pohon âra*, *pokoq âra*, figuier; *piçang*, banane; *pokoq piçang*, bananier, etc. — *Djadi*, devenir, se produire; *mendjadikan*, créer, produire, causer.

Touan mao pégui bourou? Kami nanti tembaq pouney. Di ladang ada toukoukour; dâlam sawa ada koudidi; dâlam outan ada babi outan dan pelandoq. — Adakah rouça dan mougnet? — Ada, tetapi djârang. — Ada oular biça? — Belom perna lihat (1).

Baiq-lah, minta touan nanti sabentar; bri (*ou* biar) sâya makan, ada prout kosong. Touan tada lapar? — Sâya souda makan sabentar ini.

Senapang ini ada berici, tapi sâya tâkot obat tada kring.

Bourong nori itu souda kena bidji, ada boulou boulou yang djato.

Touan boulé piyara bourong kekeq ini, souda kena louka di sayop sâdja.

Apa binatang itou yang saroupa dengan bouâya ketjil? — Biawaq; dia pougna daguing terlalou baiq dimakan; raçagna seperti râça daguing ayam.

Apa sârang sârang bourong itou yang diatas pohon itou? — Boukan-gna sârang bourong; satou matjam semout beçar yang bekin sârang itou, dengan daoun daoun; warnagna semout itou méra, dan namagna krangga.

(1) Tida perna, ta perna, jamais; belom perna, jamais encore.

Voulez-vous venir à la chasse? Nous tirerons des pigeons verts. Dans les rizières [sèches] il y a des tourterelles; dans les rizières [inondées] il y a des bécassines; dans les bois il y a des cochons sauvages et des chevrotains. — Y a-t-il des cerfs et des singes? — Oui, mais [ils sont] rares. — Et des serpens venimeux? — Je n'en ai jamais vu.

Eh bien, je vous prie d'attendre un instant; permettez que je mange, je suis à jeun (j'ai le ventre vide). Vous n'avez pas faim? — Je viens de déjeûner à l'instant.

Ce fusil est chargé, mais je crains que la poudre (la drogue) ne soit pas sèche.

Ce perroquet a été touché (a reçu des grains) il y a des plumes qui tombent.

Vous pouvez élever cette perruche; elle est blessée (a reçu blessure) à l'aile seulement.

Quel est cet animal qui ressemble à un petit crocodile? C'est un igouane; sa chair est très bonne à manger (à être mangée); elle a le goût (son goût comme) de la volaille.

Quels sont ces nids d'oiseaux qui [sont] sur cet arbre? — [Ce ne sont] pas des nids d'oiseaux; c'est une grosse fourmi (une espèce fourmi grande) qui fait ces nids avec les feuilles; la couleur (sa couleur) de cette fourmi est rouge, et son nom est krangga.

Tamboun tâna itou yang seperti boukit ketjil roupagna, itoulah perbouatan semout pouté. Semout itou maçoq dâlam rouma rouma, dan makan segala pekakas kâyou (1), seïngga rouma boulé djadi binâsa. Di negri negri ini ada bagnaq binatang ketjil yang djaat sekali : pertâma-tâma segala djenis semout semout, dan lagui tikous dan lipas, gnamoq dan pitjâd, kâlakintjing dan alipan.

Tuan pougna andjing ada bagnaq koutou. — Iya, tuan taokah obat akan bouno koutou andjing (2)? Ta tao.

Sâya ada aous. — Sâya djouga. Satou mil lagui ada satou kèdey di mâna saorang tjina djoual lamned; kita boulé minom.

Apa matjam orang orang itou? Belom perna lihat orang malayou yang demkian? — Boukanlah orang malayou; dia orang pendeq dan itam dèri orang malayou ; barang-kâli ada djakoun. — Tâgna sama dia orang apa bangsagna.

Hey, abang, apa bangsamou? — Kâmi orang mantra, touan. — Apa kâmou mao tjâri kerdja di Malaka? — Touan! Kâmi orang outan, kâmi orang babal dan

(1) *Pekakas kâyou*, l'appareil en bois, c'est-à-dire les charpentes, les boiseries et les meubles.

Ce monceau de terre qui ressemble à un monticule, (qui comme colline petite sa forme) est l'ouvrage des fourmis blanches (termites). Ces fourmis entrent dans les maisons et mangent tout ce qui est en bois, au point que la maison peut être (devenir) détruite. Dans ces pays-ci il y a beaucoup de petits animaux très-nuisibles : premièrement les différentes (toutes les) espèces de fourmis, puis les rats et les cancrelats, les moustiques et les punaises, les scorpions et les scolopendres.

Votre chien a beaucoup de puces. — Oui, connaissez-vous une drogue pour les tuer? — Je n'en connais pas.

J'ai soif. — Moi aussi. Un mille plus [loin] il y a une boutique où un Chinois vend de la limonade, nous pourrons y boire.

Qu'est-ce que c'est que ces gens-là? Je n'ai pas encore vu de Malais de cette espèce (qui ainsi). — Ce ne sont pas des Malais; ils sont [plus] petits (courts) et [plus] noirs que les Malais; ce sont peut-être des Djacoun. — Demandez-leur de quelle tribu ils sont (quelle est leur race).

Hé! frère aîné, de quelle tribu êtes-vous? — Nous sommes des Mantra, monsieur. — Est-ce que vous voulez chercher du travail à Malaca? — Oh! mon-

(2) *Koutou andjing*, pou de chien. Les Malais appellent ainsi les puces parce que, en Malaisie, ces insectes ne s'attaquent qu'aux chiens.

bodo, ta boulé diam di negri orang pouté. Kâmi souda bâwa sama touan goubernor arimaw beçar yang souda bouno. — Baguimâna souda bouno rimaw itou? — Souda djato dâlam lobang yang kâmi souda bekin akan tankap dia, lalou ditembaq. — Mengapa tida tangkap idop? — Touan! Kâmi ta brâni tangkap rimaw yang idop.

Di mâna boulé mandi? — Di hotel ini ada tampat mandi yang bagous; touan boulé souro sama kouli sediakan ayer mandi. — Ta-souka matjam itou, sâya mao mandi dâlam laout. — Di negri ini boukan adat orang pouté mandi di tepi laout, dan tada patot, lagui tida dibri; mester touan séwa satou sampan, dan pégui ka poulo N, di mâna tâda rouma rouma orang. Touan tao bernang? — Tao. — Touan souka mengaïl? — Bagnaq souka. — Baïq-lah, kita nanti pégui sama sama. Sâya ada kaïl kaïl yang bagous.

Tâli ini ada kouat, tapi mata kail (1) ada siket karat. — Tida ngâpa (mengapa), ada baiq djouga. Tinggoq orang pengail itou, dia souda tangkap ikan beçar. — Ayer di sini brâpa dâlamgna? Disini ayer terlalou dâlam; di sitou seïngga dagou, dan tiada batou, pacir

(1) *Mata*, œil, forme plusieurs mots composés : *mata pisaw*, lame de couteau, *mata kâyou*, nœud dans le bois, *mata ayer*, source, (*ayer*

sieur, nous sommes [de pauvres] sauvages, ignorants et sans intelligence, nous ne pourrions pas demeurer dans une ville [habitée par] des Européens. Nous avons apporté à M. le Gouverneur un grand tigre que nous avons tué. — Comment avez-vous tué ce tigre? — Il est tombé dans un trou que nous avions fait pour le prendre, puis il a été tiré [à coups de fusil]. — Pourquoi ne pas le prendre vivant? — Oh! monsieur, nous n'oserions pas prendre un tigre vivant.

Où peut-on se baigner? — Dans cet hôtel il y a une belle salle de bains; vous pouvez dire au couli de vous apprêter l'eau. — Je n'aime pas ce genre de bain, je voudrais me baigner en mer. — Dans ce pays-ci ce n'est pas la coutume des Européens de se baigner sur la plage; [on trouve cela] inconvenant et ce n'est pas permis; il faut que vous louiez un canot et que vous alliez à l'île de N, où il n'y a pas d'habitations. Savez-vous nager? — Oui. — Aimez-vous à pêcher [à la ligne]? — Beaucoup. — Eh bien, nous irons ensemble. J'ai de bonnes lignes.

Ce filin est solide, mais l'hameçon est un peu rouillé. — Cela ne fait rien, il est bon tout de même. Voyez ce pêcheur, il vient de prendre un gros poisson. — Quelle est la profondeur de l'eau? (l'eau ici combien sa profondeur). Ici l'eau est très-profonde; là,

mata, les larmes), *mataari*, le soleil, *mata mata*, soldats de police, etc.

sâdja. — Ayer paçang-kah ataw sourout? — Abis sourout.

Angin (1) terlalou kras, kapal itou ada dekat oudjong kârang; patot berlabou lebé djaw. Dia mao moudiq, tetapi di kouâla angin sala. Dia datang dèri Betawi; souda singga di Riou, sebab kena ribot; dia pougna tiang agong souda petja, dan mâlem ketjil dibouno kena tiang itou. Mâlem beçar yang bilang itou sama sâya.

Ma, di djâlan ini boulé kita touron ka sounguey? — Boukan, touan, sa-soukou maïl lagui djâlan ada poutous, tapi kalaw touan souka, boulé lalou dâlam ini kampong, di sabla lain touan nanti dâpat djâlan betoul. Bagous! antar sama touan touan itou. — Brâpa djaw, ma, dèri sini sampey sounguey itou? — Tenga djam lagui djâlan boulé sampey. — Nanti kita dâpat orang yang megnabrang? — Ada, touan, tetapi djaga baiq baiq sebab di sabrang sounguey itou ada karbaw djâlang (2). — Trima kaci, ma.

Di djalan ini ada lompour ingga mata kaki. — Samalam oudjan lebat, sakarang ada mousim oudjan. Touan lihat gounong tinggui itou yang di baliq bouket itou; disâna ada gadja, dan badaq, dan brouang, dan

(1) Prononcez an-gninn.

[on en a] jusqu'au menton, et il n'y a pas de pierres, rien que du sable (sable seulement). — La mer monte-t-elle ou descend-elle? — Elle est à son plus bas.

Le vent est très-violent, et ce navire est [mouillé bien] près des récifs (pointes de rochers); il devrait mouiller plus loin. Il voudrait remonter [la rivière], mais dans l'embouchure [il aurait] vent contraire. Il arrive de Batavia; il a relâché à Riouw parce qu'il a éprouvé une tempête; son grand mât (mât principal) a été brisé, et le lieutenant a été tué, atteint par ce mât. C'est le second qui m'a dit cela.

Mère, par ce chemin pouvons nous descendre à la rivière? — Non, monsieur, à un quart de mille le chemin finit, mais si cela vous convient, vous pouvez passer dans ce campon, de l'autre côté vous trouverez le vrai chemin. Bagous! conduis ces messieurs. — Combien y a-t-il (combien loin) mère, d'ici jusqu'à la rivière?— En une demi-heure de marche vous pouvez y arriver. — Trouverons-nous quelqu'un pour nous passer? — Il y a [un passeur], mais veillez bien [autour de vous] parce que de l'autre côté de la rivière il y a des buffles sauvages. — Merci, mère.

Dans ce chemin on a de la boue jusqu'à la cheville. — La nuit [dernière] il a plu à verse, en ce moment c'est la saison des pluies. Voyez-vous cette montagne élevée qui est derrière (par de là, de l'autre côté) cette

(2) *Djâlang*, errant, insoumis; *koutjing djàlang*, chat devenu sauvage; *koutjing outan*, chat de race sauvage.

rimaw, dan rimaw koumbang ; ada lagui rotan bagous akan bekin tongkat.

Sabrang megnabrang sounguey ini nipâ nipâ sâdja. Touan tao apa gounagna nipa itou ? Dèri diapougna daoun daoun orang bouat atap rouma ; ini rouma semoua beguitou beratap (1).

Baba souda trima satou peti bagui sâya ? — Apa touan pougna tanda ? — Nâma sâya, ditulis dengan tinta kouning. — Peti itou belom datang. Doudoq-lah, touan. Boudaq ! Kaci kroci sama touan. — Trima kaci, baba, ta boulé berenti, ada bagnaq kerdja di rouma. — Nanti siket, sabentar lagui kita boulé pégui sama sama dâlam sâya pougna kréta. Boudaq, pangguel sais, souro taro kouda, lakas ! — Apa kabar dèri negri tjina ? — Orang bilang madat ta bagnaq lakou sakarang. — Apa dagangan yang boulé lakou ? — Snapang dan pistol, katja beçar dan katja mouka, dan katja laïnlaïn. — Baba tao akan matjam wang ini ? — Ada wang djapoun, taboulé lakou di sini ; mester toukar dia.

Baba kenal touan N. — Iya, sâya kenal dia dèri lamagna. — Orang bilang dia kâya. — Boukan, dia pougna outang lebé dèri artagna. Dia beroutang sama sâya saratous ringgot doua taoun lalou, traboulé sâya

(1) Le nom d'*atap* a aussi été donné, par extension, aux feuilles sèches du nipa : *rouma atap*, maison couverte en nipa.

colline? Là il y a des éléphants, des rhinocéros, des ours, des tigres et des léopards; il y a aussi de beaux joncs (rotins) pour faire des cannes.

De chaque côté de cette rivière il n'y a que des nipâ (petit palmier aquatique). Savez-vous quelle est son utilité? De ses feuilles on fait des toits de maison; toutes ces maisons-ci sont ainsi couvertes.

Baba, avez-vous reçu une caisse pour moi? — Quelle est votre marque? — Mon nom, écrit en couleur jaune. — Cette caisse n'est pas encore arrivée. Asseyez-vous, Monsieur. Garçon! donne un siége à Monsieur. — Je vous remercie, baba, je ne puis m'arrêter, j'ai beaucoup de besogne à la maison. — Attendez un peu, dans un instant nous pourrons partir ensemble dans ma voiture. Garçon, appelle le cocher, dis-lui d'atteler, vite! (1) — Quelles nouvelles de Chine? — On dit que l'opium ne se place pas bien maintenant. — Quelles sont les marchandises qui se placent? — Des fusils, des pistolets, des glaces et des miroirs (verres de figure) et autres verreries. — Connaissez-vous (savez touchant l'espèce) cette monnaie? — C'est de l'argent japonais; il n'a pas cours ici; il faut le changer.

Connaissez-vous M. N? — Oui, je le connais depuis longtemps. — On le dit riche. — Non, il a plus de dettes que de biens. Il me doit cent piastres depuis deux ans (deux années passées), je ne puis seulement

(1) Ordonne mettre le cheval. *Taro* s'emploie aussi dans le sens de « avoir à son usage, posséder » : *dia taro doua prampouan*, il a deux femmes.

dâpat bounga wang itou sadja. Bebrapa kâli sâya souda pégui dia pougna rouma, belom perna berdjoumpa dengan dia. — Sâya èiran sekâli; dia idop tjâra orang kâya; selalou dia pakey tjantiq. Sakarang sâya tida pertjàya lagui akan dia. — Djangan pindjam satou ringguet poun sama dia. Dia traboulé lagui dâpat orang akoui; di negri ini saorang poun tiada yang mao mengakou dia.

Dia pougna adé, apa matjam orang? — Laïn sekâli, ada orang kikir, yang souka wang sâdja. Ta kacé akan saorang poun, melainkan dia tjâri ontong sendiri sâdja. — Ada berbini? — Ta mao kawin.

Baba pougna kouda ada bagous sekali. — Saïs ini piyâra koudagna baïq baïq; selalou dia kerdja, dan ada pandey kerdjagna. Tetapi sâya pougna kouli ada malas dan dia minom apioun; dan lagui sepandjang ari dia makan siri (1) dan louda di semoua tampat. — Ada terlalou kourous dan moukagna poutjat. — Beguitou-lah orang yang makan madat.

Baba minom roko? — Traboulé minom tembako, touan.

(1) Le *siri*, généralement appelé bétel par les Européens, est une chique composée d'un morceau de noix d'arec et d'un peu de gomme de gambir enveloppés dans une feuille de siri (bétel) sur laquelle on a étendu un peu de chaux délayée. Cette drogue conserve les dents lorsqu'on n'en use que très-modérément, mais elle les rougit, les noircit et

pas obtenir l'intérêt (les fleurs) de cet argent. Plusieurs fois je suis allé chez lui, je n'ai pas encore pu le rencontrer. — J'en suis très-étonné; il vit comme les gens riches; il est toujours bien mis. Maintenant je n'aurai plus confiance en lui. — Gardez-vous de lui prêter une piastre. Il ne peut plus trouver de répondant; dans ce pays-ci il n'y a personne qui voudrait répondre pour lui.

Son frère cadet, quelle espèce d'homme est-ce? — Il est tout autre; c'est un avare (une râpe) qui n'aime que l'argent. Il n'aime (*ou* ne s'intéresse à) personne, et ne pense qu'à son propre intérêt (1). — Est-il marié? — Il ne veut pas se marier.

Votre cheval est très-beau. — Ce saïs soigne parfaitement son cheval; il travaille toujours et est très-entendu dans son métier. Mais mon couli est un paresseux et un fumeur d'opium (il boit l'opium); de plus, tout le long du jour il mâche du siri et crache partout (en tout lieu). — Il est bien maigre et pâle (sa face pâle). — Il en est ainsi [pour tous] les gens qui fument de l'opium.

Fumez-vous le cigare? — Je ne puis pas fumer de tabac, monsieur.

les ronge complètement quand on fait un trop fréquent usage. Elle donne aux lèvres et à la salive une couleur rouge de sang.

(1) Au contraire il cherche profit de lui-même seulement. *Melainkan* signifie mais bien, excepté, néanmoins; cet adverbe, qui a la forme d'un verbe causatif, est souvent explétif et intraduisible.

Saïs! baliq ka kiri, dan pégui sampey djâlan yang kadoua di kanan.

Apa nâma tampat ini? — Teloq Tedo, touan. — Ada sini tampat bagous akan labouan? — Iya, capten, ada sapouloh depa ayer. Touan mao bli lâda? — Iya, kalaw ada moura. — Sini touan boulé ambel tiga ribou pikoul. — Bâwa matjamgna, sâya mao lihat daoulou dèripada bli.

Brapa touan mao djoual satou pikoul. — Touan nanti kaci tenga delapan ringguet satou pikoul, sasoukou ringguet lagui commission sama râdja. — Ini maal, ta mao bayar lebé dèri semoua capten amèrican. Sâya nanti kaci anam ringguet, tida apa lebé. — Traboulé djadi dengan ini arga touan. — Bilang betoul, brapa satou pikoul? — Itou lâda boukan sâya pougna; sâya nanti bitjâra sama orang orang ladang. — Baïqlah, sâya nanti mari kombali poukoul ampat; kalaw touan tida abis, sâya nanti pégui minta lâda di lain tampat; ta mao ilang tempo. — Kalaw touan mao kaci toudjou ringguet, barangkâli itou boulé djadi. — Satou douit poun sâya ta mao bayar lebé dèri sâya souda bilang.

Capten, orang ladang nanti trima anam ringguet, tetapi râdja mao sa-soukou ringguet lagui akan sendiri. — Sebab sâya mao abis lakas, sâya nanti bayar béo itou sama râdja.

Brâpa sâya nanti bayar akan bâwa gouni gouni di

Saïs, tourne à gauche, et va jusqu'au deuxième chemin (*ou* rue) à droite.

Comment s'appelle cet endroit-ci? — Teloq Tedo (labaie de la tranquillité). — Y a-t-il ici un bon endroit pour le mouillage?— Oui, capitaine, il y a dix brasses de fond. Vous voulez acheter du poivre? — Oui, s'il est à bon marché. — Vous pouvez en prendre ici trois mille pikouls. — Apportez-moi un échantillon, je veux voir avant que d'acheter.

Combien vendrez-vous le picoul? — Vous donnerez sept piastres et demie par picoul, plus un quart de piastre de commission pour le roi. — C'est trop cher, je ne veux pas payer plus que tous les capitaines américains. Je donnerai six piastres, rien de plus. — Nous ne pouvons nous arranger à ce prix (ne peut devenir avec ce prix). — Dites [le prix] vrai, combien le picoul? — Le poivre ne m'appartient pas; je vais en parler aux planteurs (aux gens des plantations). — Eh bien, je reviendrai à quatre heures (frappé quatre); si vous n'avez pas terminé, j'irai demander du poivre ailleurs; je ne veux pas perdre de temps. — Si vous vouliez donner sept piastres, peut-être ferait-on affaire. — Je ne paierai pas un sou de plus que ce que j'ai dit.

Capitaine, les planteurs acceptent les six piastres, mais le roi veut un quart de piastre pour lui (pour lui-même). — Comme je veux terminer promptement, je paierai ce droit au roi.

Combien paierai-je pour le transport des sacs au

kapal? — Ampat ringguet satou sampan. — Brâpa gouni satou sampan boulé ambel? — Lima pouloh, touan. — Mao kaci ampat ringguet akan saratous gouni. — Touan mao bli gouni rompot? — Ta mao gouni rompot. Daoulou souda bli matjam itou, bagnaq lâda souda ilang sebab petja semoua gouni itou. — Sini tada lain, touan.

Brâpa kati touan mao kaci akan satou kâli timbang? — Doua kati. — Tida souda beguitou, sâya minta ampat kati; sâya tao bagnaq lâda nanti botjor dan ilang. — Baiq-lah, touan, beguitou souda abis, kâmi boulé toulis. — Besoq pagui kâmi nanti timbang. — Besoq ada ari beçar, touan, taboulé kardja. Louça kâmi boulé timbang.

Sâya souda bâwa timbangan sama batou batou (1) timbang di dârat (2). Sâya pougna orang klaci nanti taro semoua dekat ini pohon beçar. Semoua souda sedia. Capten sampan, djaga baiq baiq, djangan gouni djadi koya.

Ada sagou bâro? — Tada bagnaq; sebab panas terlalou kras segala pohon pohon abis mati; dan lagui sounguey sounguey poun ada kring, prao oulou (3) taboulé ilir (4). Tiada apioun di kapal, kapten? Touan tao itou larangan, râdja sâdja yang boulé bli dagangan itu;

(1) *Batou*, pierre; autrefois les poids des Malais étaient en pierre.

(2) *Dârat* est la terre par opposition à l'eau; mais « de la terre, une terre » se rendent par *tâna*.

navire? — Quatre piastres par sampan. — Combien de sacs un sampan peut-il porter? — Cinquante. — Je donnerai quatre piastres par cent sacs. — Voulez-vous acheter des sacs de paille? — Je n'en veux pas. Autrefois j'en ai acheté, beaucoup de poivre fut perdu parce que tous les sacs étaient crevés. — Ici il n'y en a pas d'autres, monsieur.

Combien de catis me donnerez-vous [en sus] par pesée (pour une fois peser)? — Deux catis. Ce n'est pas assez (non fini ainsi); je demande quatre catis; Je sais que beaucoup de poivre coulera et sera perdu. — C'est bien, monsieur, c'est arrangé comme cela, nous pourrons écrire [le marché]. — Demain matin nous pèserons [le poivre]. — Demain est un jour de fête, nous ne pouvons pas travailler. Après demain nous pourrons peser.

J'ai apporté à terre ma balance avec les poids. Mes matelots vont tout disposer près de ce grand arbre. Tout est prêt. Capitaine du sampan, veillez bien à ce que les sacs ne soient pas déchirés.

Avez-vous du sagou nouveau? — Il n'y en a pas beaucoup; par suite des chaleurs très fortes [que nous avons eues] tous les arbres (palmiers à sagou) sont morts; de plus les rivières sont à sec, les bateaux de l'intérieur du pays ne peuvent pas descendre. Vous

(3) *Oulou soungey*, le haut d'une rivière.
(4) *Ilir*, descendre le courant, par opposition à *moudiq*, le remonter.

barang siapa yang mendjoual sama orang lain kena denda. — Tao itou.

Ada kah kaïn soutra yang birou akan bekin sapoutangan? Inilah yang bagous sekali. — Brâpa argagna? — Argagna tiga roupia satou asta. — Maal amat, touan boulé tawar? — Taboulé, touan, sâya djoual arga mati. Ini laïn lebé moura. — Ta mao kain itou, ta souka dia pougna warna. — Touan mao birou touâ ataw birou mouda? — Kain kapas ini, brâpa? Lima ringguet satou kâyou (1).

Kaci lihat benang itam. — Ini yang nomber satou. — Ada siket kaçar, sâya mao yang lebé alous. Inilah boulé djadi; ini matjam ada lagui sama touan? Tada lagui, ini sa-toukal sadja tinggal sama sâya.

Kaci lihat kipas kipas. — Inilah bagnaq matjam, pilé yang touan souka. — Satou poun tada yang souka dâlam semoua itou.

Boy, toutoup pintou sâya pougna kamar; bouka djanéla. Kontjikan pintou baiq baiq; inilah anaq kontji. — Touan, kontji ada binaça, mester panggueī toukang kontji.

Djangan loupa pégui sama toukang kayou dan tou-

(1) Satou kâyou, un bois, c'est-à-dire une pièce d'étoffe enroulée sur une planchette. Peut-être doit-on écrire *satou kâyouh*, une pa-

n'avez pas d'opium à bord, capitaine ? vous savez que c'est [un article] prohibé, le roi seul peut acheter cette marchandise; quiconque en vend à d'autres personnes est mis à l'amende. — Je sais cela.

Avez-vous de l'étoffe de soie bleue pour faire des mouchoirs ? — En voici de très belle. — Combien coûte-t-elle ? — Son prix est de trois roupies la coudée. — C'est bien cher ; pouvez-vous diminuer ? — Je ne puis pas, Monsieur ; je vends à prix fixe (prix mort). En voici d'autre à meilleur marché. — Je n'en veux pas, je n'aime pas sa couleur. — Voulez-vous du bleu foncé (vieux) ou du bleu clair (jeune) ? — Combien ce calicot (étoffe de coton) ? — Cinq piastres la pièce.

Montrez-moi (donnez à voir) du fil noir. — En voici de première qualité (du n° 1). — Il est un peu gros (grossier), j'en veux de plus fin. Voici ce qu'il me faut ; en avez-vous encore du même ? — Il n'y en a plus, il ne me reste que cet écheveau.

Faites-moi voir des éventails. — En voici de toutes sortes, choisissez celui que vous voudrez. — Pas un seul ne me convient dans tout cela.

Boy, ferme la porte de ma chambre, ouvre la fenêtre. Ferme bien la porte à clé ; voici la clé. — Monsieur, la serrure est détraquée ; il faut appeler le serrurier.

N'oublie pas d'aller chez le charpentier (*ou* le

lette : *kâyouh*, *mengâyouh*, pagayer ; *pengâyouh*, pagaye.

kang batou ; dia orang souda djandji mari kamarin, dia belom datang ; bilang sama dia orang sâya ada mara.

Dan lagui antar sama toukang djèit ini pekaïn yang koya, souro baiki baiq baiq, dan bâwa sâya pougna salouar bâro.

Daoulou, antar sourat ini sama touan pâdri N. dan menanti dia pougna djawab. Kombali lakas, djangan malas.

Touan padri taboulé kaci djawab ar'ini ; dia minta touan ampon.

Ali pougna touan ada bangoun ? — Souda, touan, touan boulé maçoq.

Boulé sâya tinggoq sama touan N ? — Belom, touan, ada lagui di tempat tidor. — Dia tidor ? — Ada berdjaga, tapi dia souro djangan bri maçoq akan saorang poun. Touan boulé mari poula ini petang ? — Tada senang.

Touan mao ambel kréta akan pégui baliq ? — Akan pégui sâdja.

Sâya nanti kombali louça.

Sâya souda djandji pégui poula beçoq, djika ada tempo bagous.

Dia orang poulang ; kami lagui boulé poulang. — Taboulé lagui djalan, sâya terlalou pounat. — Saya

menuisier), et le maçon ; ils avaient promis de venir hier, ils ne sont pas encore arrivés ; dis-leur que je suis mécontent (en colère).

Et puis tu porteras au tailleur ce vêtement qui est déchiré ; dis-lui de le bien raccommoder, et tu rapporteras mon pantalon neuf.

Auparavant, porte cette lettre au Révérend Père N. Tu attendras sa réponse. Reviens vite, ne flâne pas.

Le Révérend Père ne peut pas donner de réponse aujourd'hui ; il vous prie de l'excuser.

Ali, ton maître est-il levé ? — Oui, Monsieur, vous pouvez entrer.

Puis-je voir Monsieur N ? — Pas encore, Monsieur, il est encore couché. — Est-ce qu'il dort ? — Il est éveillé, mais il a défendu de (il a ordonné de ne) laisser entrer personne. Pouvez-vous revenir ce soir ? — Je n'ai pas le temps.

Voulez-vous prendre une voiture pour aller et retour ? — Pour aller seulement.

Je reviendrai (je serai de retour) après-demain.

J'ai promis d'y retourner demain, s'il fait beau.

Ils s'en retournent ; nous aussi nous pouvons nous en aller. — Je ne puis plus marcher, je suis trop lagui tada kouaça djalan beguitou djao. Sâya mengantoq.

Sâya belom senang bekin itou. Ini kardja bagnaq souça, tinggoq oulé sendirimou. Saya nanti bouat seboulé bouléku.

Kouli, klouarkan segala barang barang dèri dâlam kréta. — Taboulé angkat bongkous ini, touan, ada terlalou brat. — Tjoba sakali lagui. Ahmed, tolong sama kouli.

Apa matjam angkatan orang tjina itou? — Ta tao tentou, sâya piker dia orang bekin itou akan kaci souka sama iblis dan antou antou.

Orang tjina itou selalou pakey (*ou* memakey) tjâra orang pouté.

Mâna ada djamban? Sâya mao bouang ayer sâdja.

Singapoura dan Poulo Pinang ada negri bibas (1).

Apa lou pedouli? Itou boukan lou pougna kerdja; pedouli akan pekerdjaan sendiri.

Bekin beguimâma touan piker patot. — Itou boukan sâya pougna souka.

(1) Le nom de Singapour vient, dit-on, du sanscrit *singa-poura*, ville du lion; mais, comme il n'y a jamais eu de lions dans ce pays, je crois plutôt que son nom devrait s'écrire singgah-poura, le pays où on

fatigué. — Moi non plus je n'aurais pas la force d'aller aussi loin. J'ai envie de dormir.

Je n'ai pas encore eu le temps de faire cela. C'est un travail bien difficile, voyez-le par vous-même. Je ferai tout ce que je pourrai (*ou* de mon mieux).

Couli, sortez tout le bagage de la voiture. — Je ne puis soulever ce paquet, Monsieur, il est trop lourd. — Essayez encore une fois. Ahmed, va aider le couli.

Qu'est-ce que c'est que cette procession de Chinois ? — Je ne sais pas au juste, je pense que c'est pour faire plaisir au diable et aux esprits.

Ce Chinois est toujours vêtu à l'Européenne (à la mode des blancs).

Où est le cabinet d'aisances ? Je voudrais seulement *jeter de l'eau*.

Singapour et Poulo Pinang sont des ports francs.

De quoi te mêles-tu ? Cela ne te regarde pas (ce n'est pas ta besogne) ; occupe-toi de tes propres affaires.

Faites comme vous jugerez convenable. — Cela ne dépend pas de moi (ce n'est pas mon bon plaisir).

relâche. *Poulo Pinang* signifie île aux aréquiers, ou aux noix d'arec.
Bibas, libre, sans gêne.

Touan pougna souka.

Sambayang : Bâpa kâmi yang ada di sorga, nâmamou djadilah koudous ; karadjaanmou datanglah ; kaèndaq-mou djadilah, seperti di dâlam sorga, demikienlah di atas boumi. Rôti kâmi saari-ari brilah akan kâmi pada ari ini ; dan amponilah pada kâmi segala sala kâmi, seperti lagui kâmi ini mengamponi pada orang yang bersala pada kami ; dan djanganlah membâwa kâmi kapada pertjobaan, âgna lapaskanlah kâmi dèripada itou yang djaat. Amin.

Bâhwa ini nâma nâma segala ari :

Ari hâd, artigna dâlam bahasa arab ari yang pertâma ; orang poutè kata *ari minggo*.

Ari isnin, *ari senèn*, artigna ari yang kadoua.

Ari selaça, artigna ari yang katiga.

Ari arba, *ari rebou*, artigna ari yang kaampat.

Ari kamis, artigna ari yang kalima.

Ari djemaat, *ari djoumat*, artigna ari impônan (akan sambahiang).

Ari saptou, ya-itou ari beçar orang yehoudi.

Semoua ari itou djadi akan orang islam satou djoumat, dan akan orang serâni satou minggo.

Akan nâma nâma segala boulan, sebab douablas

Comme il vous plaira.

Prière : Notre Père qui êtes aux cieux, que votre nom soit saint; que votre règne arrive ; que votre volonté soit, comme dans le ciel, de même sur la terre. Notre pain quotidien donnez-nous aujourd'hui ; et pardonnez-nous toutes nos fautes comme nous aussi nous pardonnons à ceux qui sont coupables envers nous ; et ne nous portez pas à la tentation, au contraire délivrez-nous de ce qui est mal. Amen.

Voici les noms des jours :

Hâd, ce qui signifie dans la langue arabe le premier jour ; les Européens disent ari minggo (dimanche).

Isnin (lundi), c'est-à-dire le deuxième.

Selaça (mardi), c'est-à-dire le troisième.

Arba (mercredi), c'est-à-dire le quatrième.

Kamis (jeudi), c'est-à-dire le cinquième.

Djemaat (vendredi) c'est-à-dire le jour de l'assemblée (pour la prière).

Samedi, c'est-à-dire le grand jour des Juifs.

Tous ces jours forment (deviennent) pour les musulmans un vendredi (une semaine), et, pour les chrétiens, un dimanche (une semaine.)

Pour les noms des mois, attendu que douze lunes,

boulan seperti bilang orang islam taboulé djadi satou taoun akan orang serâni, dinegri negri yang di bawah prenta orang inggris ataw orang wolanda, orang pakey nâma nâma boulan dèri bahasa inggris ataw wolanda.

Trang boulan, boulan bâro, boulan pernâma.

Boulan yang lalou, boulan yang datang, abis boulan.

Saari, pada souatou ari (1) ; dâlam satou ari.

Ari ini, ar'ini ; saari ari, sari sari ; pada tiap tiap ari.

Satou arian ; stenga arian.

Pada pagui ari ; pada petang ari.

Ari souda mâlam ; ari ampir-lah siang (2).

Satou djam lamagna.

Djam (*ou* orlodji) (3) souda brènti (*ou* souda mati), sâya souda loupa kaci tali sama dia.

Brapa poukoul *ou* poukoul brâpa sakarang ?

Poukoul tenga doua.

Souda poukoul tiga, *ou* poukoul tiga lalou.

Ada kira kira poukoul lima petang.

Poukoul anam kami makan.

(1) Dans le haut malais, *souatou* est article indéfini, et *satou*, nom de nombre. *Pada*, à.

(2) *Ari* est la journée de 24 heures, ou un moment quelconque de cette journée. *Siang* est le jour, la lumière par opposition à *mâlam : siang dan malam*, jour et nuit. Cependant, midi se dit *tenga ari*, et

comme comptent les musulmans, ne peuvent pas former une année pour les chrétiens, dans les pays qui sont sous la domination des Anglais ou des Hollandais on emploie des noms anglais ou hollandais.

Clair de lune, nouvelle lune, pleine lune.

Le mois dernier, le mois prochain, à la fin du mois.

Un jour, un certain jour ; en un jour.

Aujourd'hui ; tous les jours ; chaque jour.

Une journée ; une demi-journée.

Le matin (au matin) ; le soir (au soir).

Il fait nuit ; il va faire jour.

Pendant une heure.

L'horloge est arrêtée (*ou* est morte), j'ai oublié de la monter (lui donner de la corde.)

Quelle heure est-il ? (Combien frappe maintenant).

Il est une heure et demie.

Il est trois heures passées.

Il était environ cinq heures du soir.

Nous dînons à six heures.

non *tenga siang*, qui signifierait à moitié jour. A minuit, *pada tenga mâlam*. *Ampir*, près, proche.

(3) Les Malais ne connaissaient autrefois que le sablier (*djam pacir*, la coupe au sable,) et ils disaient *satou djam*, *sadjam*, pour un tour du sablier (une heure.) Lorsqu'ils reçurent des Européens l'horloge et la montre, ils les nommèrent *orlodji*, *relodji*, *djam ouroulis*.

DIALECTE DE BATAVIA.

Ce qui frappe tout d'abord dans ce dialecte, c'est l'emploi des mots *bakal* et *bouat* comme prépositions (pour), *bitjâra* pris dans le sens de « parler, » (1) *âpa*, dans le sens de « est-ce que...? » *koué* « vous, » pronom javanais moins respectueux que *touan*, mais beaucoup plus poli que *lou*, et de plusieurs termes empruntés au hollandais et au javanais. On remarque aussi de légères différences de prononciation à l'égard de certaines voyelles et du *ng* :

Apa koué bitjâra prasman, est-ce que vous parlez français ?

Boukou bouat adjar bitjâra malayo, livre pour apprendre à parler malais.

Sourat bouat kaci taou, écrit pour faire savoir (circulaire, avis).

Goudang bakal lélang roupa roupa barang dagang'an, magasin pour vendre (à l'encan) toutes sortes de marchandises.

(1) Dans le malais littéral et dans le dialecte de Malaca, *bitjâra* signifie discussion, conférence, plaidoyer ; *bouat*, faire, et *bakal*, provision.

Di toko itou koué bolé dapat maènan maènan bakal anak anak, dans cette boutique vous pouvez trouver des jouets pour les enfants.

Borong'an arèng batou bakal kantor-post, bakal taon 1870, fourniture (litt. vente en gros) du charbon de terre pour le bureau de poste, pour l'année 1870.

Citons encore parmi les mots particuliers au dialecte de Batavia :

Koucir, cocher (holl. koetsier), *toukang menatou*, blanchisseur, *kâli*, rivière, *matjan*, tigre, *djankar*, ancre (holl. anker ?) *soré*, soir, *saban*, chaque, *kâpan*, lorsque, quand ? *misti* (port. mester) il faut, *èn*, et (holl. hen.)

Gnogna, madame, se dit aux Européennes, ce qui n'est pas d'usage à Singapour.

Djaga, veiller, signifie aussi servir comme domestique.

On trouvera dans le vocabulaire les autres termes particuliers à ce dialecte.

AVIS

POUR L'INTELLIGENCE DU VOCABULAIRE

Ne figurent pas dans le vocabulaire : les pronoms (voir p. 13) ; les noms des nombres (p. 16) ; les noms des mois et des jours (p. 67).

Pour les mots composés, comme *allaiter, agrandir, empoisonner,* on cherchera le radical : lait, grand, poison.

Pour les noms d'arbres et de plantes, voir la note de la p. 43.

Les noms de métiers se forment à l'aide du mot *toukang* « ouvrier », et les noms des fonctions à l'aide du mot *djourou* ou *djouro* « maître, préposé » : serrure, *kontji;* serrurier, *toukang kontji :* écrire, *toulis;* commis aux écritures, secrétaire, *djourou toulis.* (V. aussi la particule *pe,* p. 21.)

Pour désigner les sexes, on emploie *laki-laki* ou *delaki* (masc.) *perampouan* ou *prompouan* (fém.) pour le genre humain, et *djantan, betina* pour les animaux (voir p. 29). Dans le langage vulgaire, *betina* se dit aussi de la femme.

Notre particule privative *in* se rend par *ta* ou *tiada*

« non », ou par *korang* « moins, manquant » : certain, *tentou ;* incertain, *ta tentou ;* suffisant, *tjoukoup ;* insuffisant, *korang tjoukoup.*

Notre particule *re,* lorsqu'elle a le sens de « encore, en réitérant » se rend par *lagui* ou *poula :* venir, *datang ;* revenir (venir de nouveau), *datang lagui.*

Dans le langage vulgaire, on emploie également *kombali,* qui, dans le haut malais, signifie « revenir d'où l'on est allé » ; *datang kombali* peut donc s'employer dans le sens de « venir de nouveau » aussi bien que dans le sens de « revenir d'où l'on est allé », et l'on peut dire : *djato kombali,* retomber, *lihat kombali,* revoir, etc., ce qui n'a pas lieu dans le haut malais.

ABRÉVIATIONS

A. anglais,
Ar. arabe,
B. dialecte de Batavia,
E. européen,
H. hollandais.
P. portugais,
Pr. prononcez :
T. tournez :

V. voyez,
V. a. verbe actif ou transitif,
V. n. verbe neutre,
— répétition du mot : eau, *ayer ;* — douce, — *tawar* (lisez : eau douce, *ayer tawar*).

VOCABULAIRE

A

ABANDONNER, V. rester.

ABATTRE (des arbres) *tebang*. V. tomber, démolir, tuer.

ABCÈS, *bàra, touko*.

ABEILLE, *leba*; B. *tawon*.

ABÎMER, v. détériorer.

ABOLIR, *apous*.

ABORD (d'), v. avant, premièrement.

ABOYER, *salaq*; B. *gonggong*.

ABRI, *lindong, tampat tedo*, Abriter, *melindong, lindongkan*; s' --, — *dirigna, berlindong, bertedo*.

ABSENT, t. non présent; v. manquant.

ABSURDE, *bodo*.

ACCEPTER, *trima*.

ACCIDENT, v. malheur.

ACCOMPAGNER, *antar*; V. suivre.

ACCORD, v. union, promettre

ACCORDER, v. donner, permettre.

ACCOUCHER, v. n. *beranaq*; v. a. *tolong* —; près d'—, à terme, *ganap boulan-gna* (complets ses mois). Sage-femme, *bidan*.

ACCOUPLER (s'), *satoubo, berdjantan; goukan*, B.

ACCOUTUMER, V. habitude.

ACCROCHER, V. prendre, croc.

ACCROÎTRE, V. augmenter.

ACCUSER, *toudo*.

ACHETER, *bli, membli*; achat, *peblian*.

ACHEVER, V. finir.

ACIDE, *açam, maçam*.

ACIER, *beci badja*.

ACTIF, V. zélé, agile.

ACTION, V. faire.

ADDITION, *djoumla, itongan*

ADHÉRER, *lekat, rakat*; V. consentir.

ADIEU, V. salut.

ADMIRER, V. étonner; admirable, *indâ-indâ*.

ADOPTER (une coutume), V. suivre, prendre. (un enfant), *angkat, piyàra*; enfant adoptif, *anaq* —.

ADROIT, V. habile.

ADULTE, *balig*, Ar.

ADULTÈRE, *moukah, zina*, ar.; commettre —, *ber* —.

ADVERSAIRE, *lawan*.

AFFAIRE, V. circonstance, travail, chose.

AFFICHER, *tampalkan*; V. coller; affiche, V. avis.

AFFIRMER, V. certifier.

AFFLIGÉ, V. chagrin.

AFFRANCHIR, V. racheter, délivrer, libre.

AGE, *oumour, oumor*, Ar. Quel âge a-t-il? *brapa—gna*. Agé, V. vieux.

AGILE, *pantas, tengkas, tjepat*.

AGRÉABLE, *sedap, énaq*.

AIDER, *tolong, toulong;* aide, secours, *tolongan*.

AÏEUL, *néneq*. Les aïeux, *néneq mouyang*.

AIGLE, *radja-wali*.

AIGRE, V. acide.

AIGU, *tadjam*. Aiguiser, *açah, mengaçah;* pierre à —, *batou pengaçah, penadjam*.

AIGUILLE, *djâroum*.

AIGUILLON, *pentjoutjouq, penggartaq*; (d'insecte) *sengat;* piqué, *kena sengat*.

AIL, V ognon.

AILE, *sâyap, sâyop;* ailé, *ber —*.

AIMANT, *beci brâni* (fer vaillant).

AIMER (d'amitié), *kacé;* (d'amour), *brahi;* (quelque chose, se plaire à) *souka*.

AINE, *ari-ari*; *kontji paou* (clé de la cuisse).

AINÉ, V. vieux, frère, enfant.

AINSI, V. manière.

AIR (vent) *angin*, (pr. angninn); prendre l'air, *ambel —, makan —*. Exposer à l'air, *djoumour*. Les airs, l'atmosphère, *oudâra, adâra*. Ressemblance, *roupa* ; il a l'air, . *roupagna*.... Air (mélodie) *lâgou, ragam*.

AISSELLE. *katiaq*.

AJOUTER, *tambo* V. joindre.

ALAMBIC. *koukouçan*.

ALBATRE, *poualam pouté*.

ALÈNE, V. poinçon.

ALGUE, t. herbe marine ; l'espèce dont on faitune gelée, *agar-agar*.

ALLER, *pergui, pégui, pigui;* (convenir) *djadi;* cela n'ira pas ainsi, *ta-boulé djadi beguitou*. S'en aller, v. sortir, retourner. Allée, v. chemin, passage.

ALLUMER, *paçang*.

ALOÈS (agavé) *lidâ boâya* (langue de crocodile). Gomme d' —, *alwah*, pers. Bois d' —, *kâyou gârou, kalambaq*.

ALORS. *maka, kelaq*. V. instant.

ALPHABET, *alif-ba-ta*.

ALTERNATIVEMENT, *berganti-ganti*.

ALUN, *tawas*.

AMADOU, *raboq*.

AMANDE, *ketapang, badam ;* (d'un noyau) v. intérieur.

AMBASSADE. v. envoyer.

AMBRE gris, *ambar*, Ar. ; — jaune, — *kouning* (?)

AME, *djiwa, gnâwa, roh*, ar.

AMEN, *âmin*.

AMENDE, *denda*. Encourir une —, frappé d' —, *kena —*.

AMENER, *bâwa*. V. voile.

AMER, *paït*.

AMI, *sobat*, ar. ; compagnon, camarade, *kawan*. Amitié, amical, dévoué *kacé*.

AMIRAL, *panglima laout, laksamana*.

AMMONIAC (sel) *sader*, ar.

AMOUR, v. aimer.

AMPOULE (au pied) *melatous*, B.

AMULETTE. v. charme.

AMUSER, v. divertir.

ANANAS, *nanas.*

ANCÊTRES, v. aïeul.

ANCIEN, *lâma, toua;* antérieur, *daoulou, dolo.* Anciennement, les temps anciens, *daoulou kâla.*

ANCRE, *saou.* Lever l' —, *bongkar* —. Jeter l' —, v. mouiller. Déraper, chasser sur ses ancres, *lârat.*

ANE. *kaldé, klédi.*

ANGE, *malaïkat,* ar.

ANGLE, *sikou, soudout, djourey, pendjourey, pendjourou, oudjong.*

ANGUILLE, *ikan moa, belout.*

ANIMAL, *binatang.*

ANIS, *adas manis.*

ANNÉE, *taoun, taon.*

ANNEAU (bague) *tjintjin;* (de bras, de jambes) *galang, karontjong.*

ANNONCER, *kaci tao.* V. publier.

ANNULER, *apous*

ANSE (de vase) *telinga* (oreille).

ANUS, *lobang pantat, toumbong.*

APAISER, v. paix, éteindre.

APOTRE, *raçoul,* ar.

APPARTENIR : cette maison m'appartient, *rouma itou sâya pougna,* ou *sâya yang ampougna dia ;* à qui appartient...?... *siapa pougna ?* (V. avoir.)

APPELER, *pangguel.* Nommer, v. nom.

APPÉTIT, v. faim.

APPOINTEMENTS, v. gages.

APPORTER, *bâwa.*

APPRÉCIER, *argakan, niley, kira.* (Faire cas) *indâkan, berkenan.*

APPRENDRE, *adjar ;* étudier, *beladjar ;* enseigner, *mengadjar, adjarkan.* enseignement, *adjaran, peng* — ; faire savoir, *kaci tao ;* entendre dire, *dengar.*

APPRIVOISÉ, *djinaq.* — r, *berdjinakan.*

APPROCHER, v. près.

APPUI, v. soutien. S'appuyer, *sandar*

APRÈS, ensuite, *kemdian, komdien ;* après cela, *kemdian dèri itu, tlâ itou, sellâ itou ;* après avoir..., *abis...;* après diner, *abis makan ;* après vous, *di blakang touan ;* trois jours après, *tiga ari kemdian* ou *lagui, lepas tiga ari.*

ARAIGNÉE, *laba luba, lawalawa.* Toile d' —, *sârang* —.

ARACHIDE, V. p. 42, note.

ARBORER, V. drapeau.

ARBRE, *pohoun, pohon, poko ;* (de charpente) — *kâyou.* Arbre abattu, tronc, charpente, *batang kâyou.*

ARC, panâ ; tirer de l'arc, *panâ, memanâ.* Flèche, *anaq panâ.* Le bois ou la courbure d'un arc, arc à coton, *bouçor.* Arc-en-ciel, *palangué.*

ARCADE, arche, *langkong.*

ARCHET, V. râcler.

ARDOISE, V. tableau.

AREC, *pinang.*

ARÊTE, T. os ou épine de poisson.

ARGENT (métal) *péraq ;* (monnaie) *wang.* Vif-argent, *ayer péraq, râça.*

ARGILE, *pitjé, tâna liyat, t. lambeq, t. lindir.*

ARME, *sindjata* ; — à feu, — *âpi, bedil.*

ARMÉE, *tantara, angkatan.*

ARMOIRE, *almari* P.

ARRACHER, *bantun, tjabot,*

ARRANGER, ranger, *ator, mengator* ; arrangement, ordre, *peratoran, tartib,* Ar. Réparer, concilier, *baïki.*

ARRÊTER (retarder, retenir), *tahan* ; (saisir) *tangkap* ; (accrocher, embarrasser) *sangkoutkan* ; (décider) *tentoukan.* Arrêté, décidé, *tentou* S'arrêter, *berhenti, brenti, diam* ; (s'embarrasser, s'engager, *sangkout;* (d'une horloge) *mati, brenti.*

ARRHES, *pandjar, tiingkaram.*

ARRIÈRE (d'un navire) *bourit, bouritan.* En —, *di blakang.*

ARRIVER (en venant) *datang;* (en allant) *sampey* ; survenir, avoir lieu, *djadi.* Arrivée, *kadatangan*

ARROSER, *siram, irous, mendiris* ; asperger, *pertjiq, lountjour.*

ARSENIC, *barangan pouté.*

ART, *ilmou,* Ar. *hakmat,* Ar.

ARTIFICE, V. ruse. Feu d' —, *petaçan, koumbang api.*

ARTÈRE, *ourat nadi.*

ARTICLE, V. chose, marchandise.

ARTICULATION, *sindi, sidi, boukou.*

ASPERGE, *akar parsi.*

ASPIC (nard) *nardin,* Ar. (liquide) *narwastou.*

ASPIRER (du nez) *tjioum* ; (de la bouche) *içap.*

ASPHYXIÉ, V. étouffer.

ASSA FOETIDA, *inggou,* Pers.

ASSAISONNER, t. mettre des épices, etc.

ASSASSINER, V. tuer, poignarder.

ASSEMBLER, *impon, kompoul, keroumoun.* S' —, rassemblés, *ber* —. Assemblée, *imponan, madjelis.* V. conseil.

ASSEOIR (s'), assis, *doudoq;* (à la turque, en tailleur) — *bersila* ; (sur ses talons, s'accroupir) — *bertelout* ; (sur son séant) — *bersandar.* V. califourchon.

ASSEZ, suffisant, *tjoukoup, tjoukop, patot.* Pas assez, *korang.*

ASSIÉGER, *kapong* ; siége, *pengapongan.*

ASSIETTE, *piring* (pr. pirigne).

ASSOCIÉ, *sakouto, samoudal, teman.*

ASTHME, *iça, seçaq dâda.*

ASTRE, *bintang.* Astronomie, *ilmou* —. Astrologie, *ilmou nedjoum,* Ar. *pantjalima.*

ATMOSPHÈRE, V. air.

ATTACHER, *ikat* ; (fixer, appliquer) *lekatkan.*

ATTAQUER, *sarang, serbou, langgar.*

ATTE (fruit) *seri-kâya.*

ATTEINDRE, *sampey, mendatangi* ; (avec la main) *tjapey.* Toucher, frapper, être atteint, touché, *kena.*

ATTELER un cheval, *taro* ou *paçang kouda.*

ATTENDRE, *nanti, menanti.*

ATTENTION : faire—, *djaga, ingat.*

ATTRAPER, V. prendre.

AUBERGE. V hôtel.

AUBERGINE, *berindjal* (P. béringéla,) *terong*.

AUCUN, *satou poun tida*. (un même pas.)

AUDIENCE : donner —, *beradap* ; avoir —, *mengadap*.

AUGMENTER, v. n. *tambâ* ; v. a. *tambaï*, *melebékan*.

AUJOURD'HUI, *ari ini*, *arini*, *ini ari*.

AUMÔNE, *derma*, *sedekat*.

AUSSI, *lagui*, *djouga* ; aussi grand que, *sama beçar dengan*, *sebeçar*, *beçargna saperti*.

AUSSITÔT, *dengan sabentar itou*, *dengan sekotika itou*, *tetkala itou*.

AUTANT, *sebagnaq*, *beguitou bagnaq*.

AUTORITÉ, V. pouvoir.

AUTOUR, *koliling*, *idar-idar*.

AUTRE, *laïn* ; B. *laèn*.

AUTREFOIS. V. ancien.

AUTREMENT, tournez : autre manière.

AUTRUCHE, *bourong onta* (oiseau chameau), *naam*, Ar.

AVALER, *telan*, *partan*.

AVANCER, tournez : aller ou pousser en avant.

AVANT, *daoulou*, *dolo*. En —, *di mouka*, *di adapan*, *di alouwan*.

AVARE, *orang kikir* (une lime). Avarice, *kikiran*.

AVARIE, V malheur. Avarié, V. détérioré, pourri.

AVEC, *serta*, *dengan*, *sama*.

AVEUGLE, *bouta*. Borgne, — *sa-blâ*.

AVIRON, *dâyong*.

AVIS (information écrite), *sourat kaci tao*. A mon avis, *pada sangka saya*. V. pensée, opinion, conseil.

AVOCAT, V. procès.

AVOIR, *ada*. Dans le haut malais, *ada* signifie être, y avoir : *ada tiga rouma padagna*, il a trois maisons (mot-à-mot : il y a trois maisons à lui) et posséder se rend par *mempougnaï*, *ampougna* (V. appartenir). Dans le bas malais, *ada* signifie être, y avoir, avoir : *dia ada tiga rouma*, il a trois maisons.

AVOUER, *akou*, *mengakou*.

B

BABIROUSSA, V. cochon.

BABOUCHE, *tjarpou*.

BAC, *penambang*, *pegnabrangan*.

BAGAGE, *barang-barang*.

BAGUE, *tjintjin*.

BAIE, *teloq*.

BAIGNER, *mandikan* ; se —, *mandi*. Bain, baignoire, *tampat mandi*, *pemandian*.

BAILLER, *mengouap*, *nganga*

BAISER, V. embrasser.

BAISSER, V descendre. Se —, *tondoq*, *toundouq*.

BALAI, V. p. 34, note.

BALANCES, *timbangan*, *naratja* ; romaine, *datjing*. Plateau, *daoun*. Poids, *batou*.

BALANCER, *ayounkan* ; se —, *ayoun* ; balançoire, berceau, *ayounan*.

BALCON, V. galerie.

BALEINE, *ikan pawas*.

BALLE, *bola*, P. (de fusil),

pelouro, P. (du grain) *koulit, rouman*. V. paquet.

BAMBOU, *bambou, boulouh*.

BANANE, *piçang*.

BANC, *bangko*, P. — de sable, *beting*.

BANDE, V. troupe, raie.

BANNE (natte) *kadjang*.

BARAQUE, V. cabane.

BARBE, *djanggot, djanggout*. Barbu, *ber* —. Barbelé, *berkaït*. Barbier, V. raser.

BARBOUILLER, V. enduire.

BARIL, V. tonneau.

BARRE, *batang*; barrière, traverse, *sakat, kayou lintang*; — de sable, *sakat*; barrer, *megnakat, melintang*; barré, *tersakat, terlintang*.

BAS, *rendà*; (vil) *ina*. En bas, au bas, *di bawah*. Parler bas, V. doux, parler. Des bas, *sarong betis* (étuis de jambes); chaussettes, *sarong kaki*.

BASE, *alas, pangkal, lapiq*.

BASILIC (plante) *soulacey, selaci*.

BASSIN (pièce d'eau) *koulam*; (de port) *tambaq*; (cuvette) *tjawan*.

BATAILLE, *prang, peprangan*. Champ de —, *meydan prang, padang peprangan*. Rixe, *kelaï*. Combattre, v. n. *prang, ber* —. Se battre, *berkelaï, bergotjo*.

BATARD, *anaq gampang, anap kintjing*; enfant de concubine, *anaq goundiq*.

BATEAU, *prao, praou*; de transport, *tambangan*; canot, *sampan*.

BATON, *tongkat*.

BATTERIE, V. fort.

BATTRE (donner des coups de fouet, de bâton) *poukoul*; (du linge, un habit) *poukoul, pâlou, banting*; au marteau, au coin, *timpa*; or battu, *amas tertimpa*. V. souffleter, poing, vaincre. Se —, V. bataille.

BAVARD, tournez: qui parle beaucoup, langue longue.

BAVE, V. salive.

BAZAR, *paçar*, Pers.

BEAU, *bagous, baïq*. Joli, *tjantiq*.

BEAUCOUP, *bagnaq*.

BEC, *paro, patoq*. Donner un coup de bec, *pagout, patoq*.

BÉCASSINE, *berkeq, koudidi*.

BÊCHE, *penggali, patjoul, tjangkoul, tambilang*.

BÉGAYER, *gagap, gagou*.

BEIGNET, *dadar*.

BÉNÉFICE, *ontong, laba*.

BENJOIN, *mignan, kemegnan*.

BÉQUILLE, *tongkat katiaq* (bâton d'aisselle).

BERCEAU, bercer, V. balancer.

BERGER, *gombala*.

BERGERONNETTE, *kibasikor* (hoche-queue).

BESOGNE, V. travail.

BESOIN, V. falloir, utile, manquer, — naturels, *hadjat*, Ar.; aller à la selle, — *beçar, béra* V. uriner.

BÊTE, V. animal, imbécile.

BÉTEL, V. p. 54, note.

BEURRE, *mantéga*, P.

BÉZOARD, *goléga, moustika*.

BIBLE, V. testament.

BIEN, V. bon, exact, suffisant, convenable. C'est bien, *baïqlah* (pron. *bay-la*), *betoul itou*. Bien (subst.), V. propriété. Bien que, V. quoique.

BIENFAISANCE, *kabedjikan*, V. servir.

BIENTÔT, V. prochainement, instant.

BIENVEILLANCE, *kacé*, *tjinta*.

BIÈRE, *bir*, E. — V. cercueil.

BIJOU, *permata*, *ratna*. Bijouterie, *barang mas*. Bijoutier, *toukang mas* (orfèvre), *toukang kourous* (l'ouvrier maigre), *djouari*, Ar. et Pers.

BILE, *ampedou*, *ayer* —.

BILLE, *bola*, P.; billard, *médja* —.

BILLET (engagement) *sourat djandjian*; — de banque, *wang kartas*.

BISCUIT, *biskot*, E.

BLAME, *tjela*; blâmer, *men* —.

BLANC, *pouté*, *pouti*.

BLANCHIR (laver) *baço*. Blanchisseur, *dobi*, *orang pembaço*; B. *toukang menato* ou *minatou*.

BLÉ, *gondoum*, *gondom*, Pers.; *trigo*, P.

BLESSÉ, blessure, *louka*. Recevoir une —, *kena* —. Blesser, *melouka*, — *kan*.

BLET, V. mûr.

BLOCUS, V. assiéger.

BLEU, *birou*, V. indigo.

BLOND, *pérang*.

BŒUF, *lembou*; B. *sapi*, *sampi*.

BOIRE, *minom*; boisson, *minoman*.

BOIS, *kâyou*; — à brûler, — *âpi*; en grume, — *boulat*; pièce de —, *sabatang* —. Bois de Campêche, *sapang*; bois de fer, *kâyou beci*, *pindis*. Forêt, *outan*, *rimba*; jeune bois, taillis, *baloukar*; forêt vierge, désert boisé, *outan belântara*.

BOITE, *peti*; *bocèta* P.

BOITEUX, *pintjang*, *intjout*.

BON, *bagous*, *baïq*.

BONHEUR (chance, prospérité) *ontong yang baïq*; heureux, *berontong*, V. Joie.

BONJOUR, bonsoir, V. salut.

BONITE, *ambou-ambou*.

BONNET, *karpous* P. carapuça; *koupia*, Ar. (princip. la calotte de toile sous le turban).

BORAX, *tingkal*, *patri*, *pidjer*.

BORD, *tepi*, *pingguir*, *tebing*; d'un vase *bibir*; (de la mer, d'une rivière) V. plage, côté; (ourlet) *klim*.

BORGNE, V. aveugle.

BORNE, *batou*. V. limite.

BOSSE, bossu, *bongko bengkoq*; bosse du bœuf indien *klaça*.

BOTTE, V. soulier, paquet.

BOUCHE, *moulout*.

BOUCHER *toutoup*; obstruer, *toumpat*.

BOUCHERIE, *rouma bantey* ou *daguing*;

BOUCHON, *soumbat*; B. *prop*, H.; tire —, *oular* —.

BOUCLE, *guesper* (H. gesp.) V. ceinture, oreille.

BOUCLIER, *prici*, *précey*.

BOUE, *lompour*, *pitjé*.

BOUÉE, *timboulan*.

BOUGIE, *lilin*.

BOUILLIR, *galéga*, *be* —; *didi*, *be* —. Faire —, *mendidi*, *rebouskan*. (Jusqu'à dessication, comme le riz) *tânaq*, *menânaq*. Bouilli, *rebous*. De la bouillie, *boubour*. Du bouillon, *kouâ*, *caldo*, P.

BOULE, *boulat* ; *bola*, P.

BOULET, *pelouro*, P. ; *boa meriam*.

BOUQUET. V. fleur.

BOURBE, V. boue.

BOURDONNER, *berdangong*.

BOURGEON, — ner, *tounas*.

BOURRASQUE. *ribot*.

BOURREAU, *pertanda*.

BOURSE, V. poche.

BOUSSOLE, V. compas.

BOUT, *oudjong*.

BOUTEILLE, *botol*, A.

BOUTIQUE, *kedey*, *kedé* ; B. *toko* ; (baraque, tente) *pondo*, *bârong* ; B. *warong*.

BOUTON, *kantjing*, *botang* ; boutonnière, *lobang* — ; boutonner, *mengantjing* ; déboutonner, *lepas kantjing*. Bouton de fleur, *koutom*, *kountjop*. Bouton sur la peau, pustule, *biçol*.

BOYAU, *tali prot*.

BRACELET, *galang* ; B. *raga-raga*.

BRAIMENT, *djerta* ; braire, *men* —.

BRAISE, *bâra*.

BRANCHE, *tjabang*, *dahan* ; petite —, *rangkas*, *ranting*.

BRAS, *langan*.

BRASSE, *depa*.

BRAVE, *brâni*.

BRICK, V. navire.

BRIDE, mors, *kang*, *kakang* ; *tom*, H. ; rênes, *tâli* —.

BRIGAND, V. piller.

BRILLER, brillant, *bersinar*, *bertjâya*, *trang*, *guilang-guemilang*. Eclat, rayons, *sinar*, *tjâya*, *trang*.

BRIN (d'herbe) *tangkey*, *tangki*.

BRIQUE, *bata*, *batou bakar*, *batou tertounou*. Tuile, *bata ata*, *guinting* ; B. *guentèng*.

BRIQUET, *beci âpi* (fer à feu).

BRISANT, *oudjong kârang*.

BRISER, se —, brisé, *petjâ*, *patâ*, *poutous*.

BROCHE, *patjaq*, *pentjoutjouq*, *pegnoutjouq*, *beci panggangan*. — (ornement) V. épingle. Cuit à la broche, *panggang*, *terpatjaq*.

BRODER, *soulam*, *megnoulam*, *soudji*.

BRONZE, V. cuivre.

BROSSE, *sapou*, *brous*, E. *bounder*. Brosser, *sapou*, *megnapou*, *bounderkan*, — les dents, *sougui*.

BROUILLARD, *kabot*.

BROUSSAILLES, *semaq*.

BROYER, *toumbouq*, *tombo*, *serbouq*. V. moudre.

BRU, *menantou perampouan*.

BRUIT, bruyant, *gadou*, *bicing* ; tumulte, *gampar* ; son, *bougni*. V. nouvelle.

BRULER (v. n.) *angous*, *tounou* ; (v. a.) *bakar*, *angouskan*, *tounou*. Brûlé, *di-makan âpi*, *terbakar*, *tertounou*. En flammes, *bergnâla*. Brûlant, qui a ou qui cause de l'inflammation, *angat*, *pedas*.

BRUN, *itam manis* (noir doux) ; *pâla* ; brun clair, fauve, *pérang*.

BUFFLE, *kerbaw*, *karbo*.

BUISSON, V. broussailles, touffe.

BUREAU. *kantor*, H.
BUTIN, V. piller.

C

CABANE, *pondoq*, *bârong*.
CABESTAN, *poutaran*.
CABINET, t. chambre petite, — d'aisance, *djamban*.
CABLE, V. corde.
CACHER, *bouni*, *sem* —, *mem* —; se —, — *dirigna*. Caché, *terbouni*, V. couvrir.
CACHET, *tjap*; cacheter, *boubo* ou *taro tjap*. Cacheté, *bertjap*. Cire à cacheter, *lakri*.
CACHOU (suc d'un mimosa), *katjou*; pomme de —, *djambou mognet* ou *irong*.
CADAVRE, *badan mati*, *maït*, *mayet*, Ar. (putrifié, carcasse d'animal) *bangkey*.
CADET, V. frère.
CAFÉ, *kawa*, Ar.
CAGE, *sangkar*, *korongan bourong*.
CAILLE, *pouyo*.
CAILLÉ, *bakou*; lait —, *dadi*, *souçou berbakou*.
CAILLOU, *batou litjin* (pierre lisse).
CAISSE, *peti*.
CALAO, *bourong taoun*, *enggang*.
CALCUL, *itongan*, *heçab*, Ar. calculer, *itong*, *heçabkan*.
CALE (de navire) *timba rouang*.
CALEBASSE, V. Courge.
CALFATER, *pakal*.
CALIFOURCHON (assis à), *djoulang*, *djolang*, *ber* —, *ter* —; porter un enfant ainsi placé sur la hanche, *men* —.
CALME, *senang*, *santaouça*; (froid) *sedjoq*; (d'un lieu, de la mer, du temps) *tedo*; (d'un cours d'eau) *tenang*. Calmer, V. paix.
CALOMNIE, *oupat*, *ompat*, *fitna*. Calomnier, *mengompat*. *fitnakan*.
CALOTTE, V. bonnet.
CAMÉLÉON, *grouning*.
CAMPHRE, *kapour*, — fin, *barous*.
CANAILLE, *orang djaat*; B. *bangsat*.
CANAL, *selouran ayer*, *seroukan*, *pantjouran*.
CANARD, *iteq*, *ité*; B. *bébeq*.
CANCER, V. ulcère.
CANCRELAS, *lipas*.
CANIF, *piço pena*.
CANNE, *tongkat*; roting, *rotan*. Canne à sucre, *tebou*.
CANNELLE, *koulit manis* (écorce douce).
CANON, *meriam*, (petit, de fonte) *rantaka*; (couleuvrine) *léla*. Affut, *kréta*.
CANOT, *sampan*.
CAP, *tandjong*, *oudjong tana*.
CAPABLE, V. pouvoir, habile.
CAPITAINE (de navire), *nakoda*; (européen) *kapitan*, *kapten*. V. chef.
CAPITAL (d'argent), *modal*, *moudal*.
CAPITALE, *ibou negri*, *kapala negri*.
CAPRICE, *nafsou*, Ar. *awa*; Ar. capricieux, *bimbang*.
CAPTIF (de guerre) *tawan*. Faire —, *menawan*. Captivité, *tawanan*.

Caractère, V. lettre, naturel.

Carcasse (corps mort, squelette) *bangkey* ; (corps de volaille) *toubo*.

Cardamome, *kapoulaga, pouar*.

Carême (musulman), *ramadan*. V. jeûne.

Caresser, *boudjoq*.

Cargaison, *mouatan*.

Carquois, *tarkas, sârong anaq-pana*.

Carré, *ampat persagui* (4 faces) ; *ampat oudjong* (4 angles)

Carreau, V. vitre, dalle.

Carrefour, *simpang*, — *an*.

Carrière, *galian batou batou*.

Carry, *gouley, apey* ; B. *boumbou*.

Carthame, *kaçoumba*.

Carte géographique, *patâ* ; cartes à jouer, *kartas permaïnan, kartou, kiya*.

Cartilage, *toulang mouda, t. lembé*.

Cartouche, *patron*, H. B. cartouchière, *bandâla*, P.

Caserne, *rouma soldato, r. soupay* ; B. *tangsi*.

Casque, *katoupong*.

Casquette, *topi*.

Casser, V. briser.

Casserolle, V. poëlon.

Cataplasme, *obat boubour*.

Cause, à — de, *sebab, karna* ; (origine) *moula*. V. procès.

Causer (occasionner), *djadikan, mengadakan, moulaï*. V. parler.

Cautère, *ouboun-ouboun* (? B.)

Caution, V. garantir. Cautionnement, V. dépôt.

Cave, caverne, *goa, goua*.

Caviar, *trobo, belatjan*.

Ceinture, *ikat pinggang, tâli pending* ; B. *bengkong, saboq*. V. écharpe. Agrafe ou boucle de ceinture, *pending*.

Célèbre, *ternâma*.

Céleri, *sélari*.

Célibataire, *boudjang*.

Cendre, *abou* ; — chaude, *bâra*.

Cependant, *akan tetapi, melaïnkan*.

Cerceau, *simpey* ; cercler, — *kan*.

Cercle, *boulat* ; demi —, *bouçor, langkong*.

Cercueil, *tjandi, djampana, lérang, djinazat*. Ar.

Cérémonial, *adat*. Cérémonie, V. cortége.

Cerf, *rouça* ; B. *mendjangan*. V. daim.

Cerf-volant (jouet) *layang-layang, layangan*

Certain, — ement, *tentou, tontou, songgo, pasti* ; (avec le futur) *tidâpat tida* (ne peut pas, ne pas). Être certain de, *yékin*, Certain pays, *negri ano* ; certaine personne, un tel, *si-ano*. Certifier, *tentoukan* ; confirmer, *yékinkan, tegokan*. V. témoigner.

Cerveau, cervelle, *outaq kapala*.

Cesser, *poutous, lepas, berenti*.

Chagrin, *souça ati, saket ati*.

Chaine, *rantey* ; (fers, entraves) *lounggou* ; (d'un tissu) *langsin, longs n.* Enchaîner, *melounggou, ranteykan.*

CHAIR, *daging* (pron. daguigne).

CHAISE, *kroci (*Ar. koursi).

CHALEUR, V. chaud.

CHAMBRE, *bilé, biliq ; kamar*, P.

CHAMEAU, *onta.*

CHAMP, *tâna;* (cultivé) *ladang, bendang.* V. plaine.

CHAMPIGNON, *tjendawan ;* B. *djamour.*

CHANCE, *ontong.*

CHANCRE, V. ulcère, syphilis.

CHANDELLE, *diyan, kandil* A ; bougie *lilin.* Chandelier, *kaki* —.

CHANGER (se modifier) *ouba, ber* — ; (être remplacé) *ganti ;* (du vent, du temps) *berali.* Changer de, remplacer, *ganti, salin, ber* —. Modifier, *mengouba, laïnkan.* Changer de domicile, *pindi.* Echanger, troquer, *toukar ;* changeur, *orang penoukar;* B. *toukang ringguet, t. wang.*

CHANT, chanter, *gnâgni ;* chanson (paroles) *pantoun ;* V. air. Le chant du coq, *koukou ayam.*

CHANVRE indien, *gandja.*

CHAPEAU, *topi ;* — européen *tjapiou* (P. chapéo ;) — pliant, claque, à cornes, — *lipat ;* — parasol, *toudong.*

CHAPELET, *tesbih*, Ar.

CHAPITRE, *façal*, Ar., *bab*, Ar., *baguian.*

CHAPON, V. châtré.

CHAQUE, *sa-satou, macingmacing, tiap-tiap;* B. *saban.* Chacun, *sa-s'orang;* chacun un, un pour chacun, *satou akan saorang.*

CHARBON, *arang* ; B. *arèng;* — de terre, — *batou ;* — ardent, braise, *bâra ;* tison, *pontong âpi.*

CHARGER, *mouat, bâwa ;* (une arme) *meng'ici ;* chargé, *berici;* charger de (commander) *souro;* (prier de) *minta tolong.* Se charger de, V. responsable. Charge, chargement, *mouatan;* (d'un homme *pikoulan ;* charge office, *djabatan, peganyan ;* V. travail

CHARITÉ, V. aumône, pitié.

CHARME, (talisman) *tawar, penawar, obatan ;* drogue magique, remède de charlatan *obat orang obatan.* Charmer (jeter un sort) *menawar, obatkan ,* (au fig.) *kaci tawar pada ati orang ;* ensorcelé, *kena tawar.*

CHAROGNE, *bangkey.*

CHARPENTE, *batang kâyou;* — d'une maison, *pekakas rouma.* Charpentier, *toukang kâyou* — de navire, *t. kapal.*

CHARRUE, *tanggala, loukou, badja ;* le soc, *lidâ.* Labourer, *menanggala, membadja, loukoukan.*

CHASSER (à courre) *bourou;* V. poursuivre ; (au fusil) *tembaq;* (renvoyer) *oucir, gnâkan ;* (répudier) *bouang, mem* —, *sâraq.*

CHASSIE, *taï* ou *dâki mata.*

CHAT, *koutjing ;* V. p. 51, note.

CHATRÉ, *kabiri, kambiri, kacim*, Ar.

CHAUD, *panas, angat ;* (au goût) *pedas, angat.* Chaleur,

kapanaçan. Chauffer (v. a.) *panaskan, panaci*.

CHAUDRON, *kawa* (?) V. poële. Chaudronnier, *toukang loyang* (V. cuivre.)

CHAUSSETTE, V. bas.

CHAUVE, *botoq, goundoul, soula*.

CHAUVE-SOURIS, *bourong-tikous* (oiseau-rat); vampire, *kalouwang*; petites espèces, *tjouri-tjouri, lelawa*.

CHAUX, *kapour*; — vive, — *tohor*; plâtre, — *alous*.

CHEF, *kapala, pangoulou*; V. maître. Maire *kapala kampong, doupati*. Chef de campon chinois, *kapitan tjina*. Chef féodal, *datouq*.

CHEMIN, *djâlan*, — battu, — *takan*.

CHEMINÉE (tuyau), *djâlan açap, tjorong açap*.

CHEMISE, *kamédja* (P. camisa).

CHENILLE, *riyang, oulat*.

CHER (aimé), *kakacé, dikacé*; (de prix élevé) *maal*.

CHERCHER, *tjâri*; (examiner) *preksa*; chercher à, tâcher, *tjoba*. Aller chercher, V. inviter, appeler.

CHEVAL, *kouda*.

CHEVEU, *rambot, rambout*; (gris ou blancs) *oubân*.

CHEVILLE, *paçaq*; — du pied, *mata kaki, boukou kaki*. (Piquet) V. piquer.

CHÈVRE, *kambing*.

CHEVROTAIN, *pelandoq, napou, kantjil*.

CHEZ, *di rouma*.

CHIEN, *andjing*.

CHIFFRE, *angka, sifer*, E.

CHOISIR, *pilih, pilè*; de choix, *pilihan*.

CHOSE (objet) *barang, banda*; (article) *perkâra, porkâra*. V. circonstance.

CHOU, *koubis*; B. *kôl* (H).

CHRÉTIEN, *serâni*.

CICATRICE, *parout, bakas*. Cicatrisé, *toutoup koulitgna* (sa peau fermée).

CIEL, *languit, languet*; (l'espace, les airs) *oudâra*; (séjour céleste) *sorga*.

CIGARE (malais) *roko*; (Européen) *sigar*; (de Manille) *tjirout*.

CIGOGNE, *bangou*; (blanche) *rouaq* ou *rouq-rouq pouté*.

CIL, *boulou mata*.

CIMETIÈRE, V. tombe.

CIPAYE, *soupay*.

CIRCONCISION, *sounat*; Ar. circoncis, *ber* —.

CIRCONSTANCE, *hâl*, Ar. *pri*.

CIRE, *lilin*; — à cacheter, *lakri*.

CISEAU, *pahat*; ciseaux, *gounting*.

CITRON, V. orange.

CITROUILLE, V. courge.

CIVETTE, *mouçang, djebat*; musc, *kastori*.

CLAIR (lumineux) *trang*, *tjâya*; (limpide) *djerné, tjayer*; B. *bening*; (évident) *trang, gnâta*; (sonore) *gnâring*; (rare, clair-semé) *djârang*; (de couleur) *mouda, manis*. Eclairer, *trangkan*.

CLÉ, V. serrure.

CLOCHE, *guinta*, *lotjing beçar*; sonnette, *lotjing ketjil*.

CLÔTURE (enclos), *pagar*.

Clou, *pakou*; (furoncle) *bicol*. Clouer, *pakoukan*, *memakou*.

Coagulé, *bakou*.

Cocher, *saïs*, Ar.; B. *koucir* (H. koetsier).

Cochon, *babi*; — sauvage (moins fort que notre sanglier) *babi outan*; — cerf (à longues défenses recourbées) *babi-rouça*.

Coco, *klapa*, *nior*; cocotier, *pohoun* ou *poko* —. La moitié d'une coque, formant vase, *tampourong*; B. *sambouq*. L'amande, *ici*; le lait, *ayer*.

Cœur (organe), *djantong*; (au fig.) *ati*. De bon —, *dengan souka ati*, *dengan senang ati*.

Coin, V. angle; (outil) *badji*.

Colère, en —, *mara*; B. *gouçar*; (en parlant de Dieu ou d'un prince) *morka*. Irriter, mécontenter, *kaci* —, *menggouçar*.

Colique, *saket prout*, *prout mengguiguet*, *tjika*.

Colle, *perakat*. Coller, *merakat*, *lekatkan*. V. adhérer.

Collier, *tali léher*, *outas*; B. *kalong*.

Colline, V. montagne.

Colonel, *koronil*, *kornel*, A.

Colonne, *tiang*.

Colporter, *berdjâlan djoual*.

Combat, V. bataille.

Combien, *brâpa*.

Comédie, *wayang*.

Comète, *bintang berikor* ou *beraçap*.

Commander, V. ordonner, gouverner.

Comme, *saperti*; (à la manière de) *tjâra*. V. parce que.

Commencement, *moulagna*; commencer, v. a. *moulaï*; v. n. *biro djadi*; en commençant, *moula-moula*.

Comment, *beguimana*, *betapa*.

Commerce, V. marchand.

Commis (aux écritures), *djourou toulis*.

Commission, V. charger.

Commun (ordinaire) *sedang*, *kabagnakan*. V. fréquent, grossier, vil.

Compagnie, V. troupe, assemblée. La — des Indes, *kompani enggris*.

Compagnon, *kawan*.

Comparer, *banding*, *samakan*. Comparaison, *bandingan*, *andey-andey*, *andeygna*, *oupâma*.

Compas, *djangka*; (boussole) *pedoman*. Les points, *mata*: N. *outâra*; N.N.E. *outâra samata timor*; N. E. *timor laout*, *outâra timor*; E. N. E. *timor samata outâra*; E. *timor*, *timor tepat*; E. S. E. *timor tonggara* ou *menonggara*; S.E. *tonggara*; S.S.E. *selatan tonggara*; S. *selatan*; S.S O. *selatan daya*; S. O. *barat daya*; O.S.O. *barat samata selatan*; O. *barat*, *barat tepat*; O N O. *barat samata outâra*; N. O. *barat laout*; N. N. O. *outâra barat laout*.

Complet, *guenap*, *tjoukoup*. — ement, V. tout-à-fait.

Compliment, V. louange, salut.

Complot, *dourâka.*

Composer, *kârang, mengarang*; composé par... *terkarang* ou *dikârang oulé*... Composition, *karangan.*

Comprendre, *arti, mengarti*; faire —, — *kan.* V. contenir. Non compris, V. excepté.

Comptant, *touney.*

Compte, *itongan, bilangan*; B. *rekening*, H. Mémoire, facture, *sourat* —. Arrêter un —, *tentoukan* —. Sur le — de, V. responsable, compter, *itong, ber* —, *bilang.*

Comptoir (factorerie), *bendar.*

Concerter (se) *mouafakat*, A.; *megnertaï* (de *serta*, avec).

Conclure, V. arrêter, finir.

Concombre, *timon*; (petit) *lapang*; (amer, à cornichon) *patola, pria.*

Concubine, *goundiq, bini piara.*

Condamner, V. juger.

Condition (convention), *djandji*; (obligation) *chart*, Ar. V. état, moyens.

Conduire, *bâwa, aniar*; (par la main) *pimpin*; (des animaux), V. garder.

Conduite, *lakou, kalakouan.*

Confier, *serâ, târo.* Avoir confiance en, *pertjâya akan, arap akan*; homme de confiance, *orang pertjayaan.*

Conformer (se), V. suivre.

Confondre, V. se tromper, mêler, désordre. (Faire honte) *kaci malo.*

Congé, *izin*, Ar. Prendre — (demander à se retirer), *bermohon.*

Congelé, *bakou.*

Connaitre (une personne), *kenal*; (une chose) *taô*; connaissance, *pengataôan.*

Conquérir, V. vaincre.

Conseil (avis) *adjaran, nacihat*; délibération *bitjâra, moafakat*; (cour ou admin. europ.) *konsil*, A.; *râd*, H.

Consentir, *keboul, redla*, Ar.; *berkenan.* V. permettre.

Conserver, *simpan, tarô.*

Consoler, *ibour.*

Constipation, *prout kras, kambong.*

Construire, *bekin, bouat, baïki.*

Consulter, *minta tolong bitjâra* (demander aide conseil).

Contagieux, contagion, *sampar, ka-an.* Infecter, *samparkan.*

Conte, V. histoire.

Contenir : contenant, *berici.* Cette boîte contient... *ini peti ada berici dengan*..., *dâlam peti ini ada*... Que contient...? *apa dâlam*... Le contenu, *ici, icigna, yang ada dâlam*; (d'une lettre) *bougni.* Contenir (comprendre) [illegible]*toup, kompoul*; (réprimer) [illegible]*han, tega*; se —, — *atigna* ou *sendirigna.*

Content, *souka ati, sedap ati, senang*; contenter, *kaci* —.

Continent (terre) *dârat, daratan.*

Continuer, tournez : ne pas cesser, faire encore.

Contracter (se) *sourout, karout.*

Contraindre, V. forcer, contenir.

Contraire (opposé) *lawan;* vent —, *angin sala;* au —, *melaïnkan, ägna.*

Contrat, *sourat perdjandjian.*

Contravention, V. faute.

Contre (opposé) *lawan;* l'un contre l'autre, *saorang dengan saorang.* V. près.

Contrebande, en —, *tjouri-tjouri;* (marchandises prohibées) *larangan.*

Contrée, V. pays.

Contrefaire, V. imiter, falsifier.

Contribution, V. impôt.

Convenable, *patout, arôs, laïq;* de manière, de langage *yang baïq lakougna, bagous bahaçagna.*

Convenir, V. plaire, consentir; — de, V. arrêter, promettre.

Converser, V. parler.

Convertir (se), *maçoq agama* (entrer dans la religion).

Convoquer, V. appeler, assembler.

Convulsion, *sawan, sanaq.*

Copeau, *tatal;* des déchets, *sampâ.*

Copier (transcrire), *salin,* V. imiter.

Coq, *ayam djantan;* coq de combat, *ayam sabong* ou *sabongan.*

Coque, *koulit;* — du levant, *touba, touba bidji, toubakar.*

Coquillage, *biya;* (vide) *koulit biya.*

Corail (rouge), *kârang méra, poualan méra,* V. madrépore.

Coran (le), *korân.*

Corbeau, *gagaq.*

Corbeille, V. panier.

Corde, *tâli;* cordon, *outas* — ombilical, *tâli pouçat.*

Cordonnier, V. soulier.

Coriandre, *katoumbar.*

Cormoran, *enggang laout.*

Cornac, *gombala.*

Corne, *tandoq;* — de rhinocéros, *tjoula badaq.* Donner des coups de corne, *menandoq;* en recevoir, *ditandoq, kena tandoq.* Cornu, *bertandoq.*

Cornichon, V concombre.

Corps, *toubo, badan.* V. cadavre.

Correct, *betoul.*

Corriger, *betoulkam, baïki;* (punir *siksa;* (battre) *poukoul.*

Corrompre (par un présent) *bri souab.* Corrompu, V. pourri.

Corroyeur, V. peau, tanner.

Cortége, *angkatan*, V. suite.

Cosse, *sekam, ampa.*

Costume, V. habit.

Côte (terre), *dârat, costa,* P. (os) *toulang rouçouq.*

Côté, *blâ, fihaq;* du côté de, *sablâ, ka* —; V. direction. De l'autre côté de la montagne, *di baliq gounong;* — de la rivière, *di sabrang soung'ey.* De chaque côté de la rivière, sur les deux rives, *sabrang megnabrang.* De quel côté (où?) *di mâna.* Côté d'une fig. géom. *sagui* Flanc d'un homme, d'un animal, d'un navire, *rouçouq.* A côté (près) *dekat, ampir;* (côte-à-côte) *di* *sici, bersici*. Mettre de côté, conserver, *simpan, tarô*.

Coton, *kapas;* cotonnier (plante) *pohoun —;* arbre à coton coton d'arbre, *kapoq*.

Cou, *léher, batang —*.

Couche (rang), *lapis*. V. accoucher.

Coucher, *baringkan;* se —, s'étendre, *berbaring, letaqkan dirigna;* (sur le dos) *telantang;* (sur les jambes pliées, comme un bœuf) *douroum;* (se mettre au lit) *pegui tidor*. Où couchez-vous? *di mâna touan tidor*. Il est couché, *ada di tampat tidor*. Il a couché avec elle, *souda satoubo dengan dia*.

Coude, *sikou*. V. angle, sinuosité.

Coudée, *asta, etta*.

Coudre, *djaït;* couture, *djaïtan;* tailleur, couturière, *pendjaït, toukang mendjaït*.

Couler, *alir;* découler, *melélé;* tomber goutte à goutte, se perdre (comme du riz qui s'échappe d'un sac) *botjor, tiris*. Qui coule, liquide, *tjayer*. Aller à fond, sombrer. V. naufrage. Couler un métal, V. fondre.

Couleur, *warna;* (matière colorante, teinture) *djanang, tjat, tinta*, P.

Coup, V. battre, frapper, blessure.

Coupable, V. faute.

Coupe, *tjawan, piâla;* tasse, *mangkoq*.

Couper, *potong, poutong;* trancher, *tetaq, krat;* abattre des arbres, *tebang*.

Couperet, sabre d'abattis, *parang*.

Couple. V. paire.

Courage courageux, *brâni;* encourager, *bri ati, kaci ati* (donner du cœur).

Courant, *ayer, arous;* — fort, — *dras*.

Courbe, V. arc; courbé, V. penché, bossu.

Courge, *labo, labou, pringgui, koundour*. V. concombre.

Courir, *lâri*.

Couronne. *makota*.

Courroie, *djangat*.

Cours (prix) *arga;* avoir —, *lakou, berlakou*.

Course de chevaux, *belomba kouda*.

Court, *pendeq, singkat;* raccourcir, *memendeq, singkat*.

Courtier, *orang talang, pegnangkou;* courtage, *talangan, tjangkouan*.

Courtisane, *soundal, bibi;* V. danseuse.

Courtiser (une femme) *pinang, meminang, minang*.

Cousin, *soudâra sapoupou, miçan*. V. moustique.

Coussin, *sandaran;* oreiller, traversin, *bantal*.

Couteau, *piçaw, piço;* couperet, *parang*.

Couter: combien coûte..? *brâpa argagna*. V. prix.

Coutume, V. habitude, mode, loi.

Couver, V. éclore.

Couvercle, *saou, toudong, toutoupan, penoutoup, kaloupaq*.

Couverture (de lit) *salimout;* (toit) *atap;* maison couverte de planches, *rouma beratap papan*.

Couvrir (voiler) *toudong, menoudong* ; (fermer) *toutoup, saou*. V. doubler, plaquer.

Crabe, *ketam, kapiting*.

Cracher, *bouang loudâ, meloudâ* ; (expectorer) *gârout*.

Craie, *kapour inggris* ou *belanda, tana pouté*.

Craindre, crainte, *tâkot, tâkout*.

Crane, *batou kapala* ; (de squelette) *tingkoraq*.

Crapaud, *kodoq*.

Crasse, *daki*.

Cravache, V. fouet.

Crayon, *pencil*, A. ; *potlôd* H. ; *kalam tima* ou *batou* (plume d'étain, de pierre).

Créance, **Crédit**, V. dette. Qui a du crédit, V. confiance.

Créer, *djadikan, men* — ; création, *kadjadian*.

Crême, *kapala souçou, mignaq dadi*.

Crépu, *papoua*.

Crépuscule, *kabour* ; point du jour, *din'ari*.

Crête (ou huppe) *djamboul* ; (de coq) *djengga, djengguel, djengguer, balong*. V. sommet.

Creuser (le sol) *koreq, gali, menggali, mentjangkoul*.

Creuset, V. fondre.

Creux, V. profond, vide, trou.

Crevasse. V. fente.

Crever, V. briser, déchirer.

Crevette, *oudang*.

Crible, *tambouçan, ayaq*.

Cricri, *tjingkreq, tjangkriq*.

Crier, *teriaq, betriaq* ; cris, acclamations, *tampiq, souraq* ; clameurs, tumulte, *gampar* ; B. *guemouro* ; héler, appeler, *pangguel* ; proclamer, vendre à l'encan, *serou, ber* —.

Crime, *dôça beçar*.

Crin, *boulou* ; (de cheval) *rambot, rambout* ; B. *gambong* ; la crinière, — *léher*.

Cristal, V. verre.

Croc, crochet, *kaït, gaït, penggaït*, accrocher, *menggaït*; gaffe, *gala bergaït*,

Crocodile. *bouâya*.

Croire (penser) *piker, sangka* ; (avoir foi ou confiance) *pertjâya*. Croyance (religieuse) *iman*, Ar. Les croyants (musulmans) *orang islam*.

Croiser (être en croisière) *payar* ; bâtiment croiseur, *kapal* ou *prao* —.

Croissant, *boulan sablâ*.

Croitre (s'accroître *bertambâ* ; (pousser) *toumbou*.

Croix, *salib*, Ar. ; crucifier, *salibkan*.

Crottin, V. excrément.

Croupion, V. derrière.

Cru, *mantà*.

Cruche, V. pot.

Cruel, *bing'is, ati kras*.

Cueillir, *pongout*.

Cuiller, *sendouq, sondoq* ; — à puiser, *tjidouq, tjédoq* ; (en coco, à manche perpend.) *gayong*.

Cuir, *koulit, baloulang* ; courroie, *djangat*.

Cuire, cuit, *maçaq* ; (du pain, de la chaux) *bakar*. V. bouillir, frire, rôtir.

Cuisine, *dâpour* ; cuisinier, *djouro* —, *toukang maçaq*.

Cuisse, *paa, paou* ; la hanche, *pangkal* —.

CUIVRE, *tembaga* ; — jaune, laiton, — *kouning*, *loyang* ; métal du Japon, similor, *souaça*.

CULBUTE, V. saut.

CULOTTE, V. pantalon.

CULTIVER, V. labourer, planter.

CUMIN, *djintan*.

CURCUMA, *kougnit*, *temou*.

CURER, *koreq* ; cure-dents, *koré-guigui*, *tjoukil guigui*.

CURIEUX, *kalanggara*. V. rare, étonnant.

CUVE, *tong* ; cuvette, *tjawan*.

D

DAIM, *kidjang*.

DALLE, pavé, *daçar* ; dallé, *ber* —.

DAME, V. p. 14. Jouer aux dames, *maïn tjatour*, *maïn paçang* ; le damier et les dames, *papan dan boa boa tjatour*.

DANGER, *bâya*.

DANS, *dâlam*, dedans, *di* — ; dans ce pays-là, *di negri itu* ; dans la rue, *di djalan* ; dans trois jours, *tiga hari lagui*.

DANSER, *târi*, *menâri* ; *tandaq*, *berdjouguet* ; danse européenne, bal, *dangsou*. Danseuse (de profession) *rongguian*, *orang djouguet*.

DARD, V. aiguillon.

DARTRE, *kourap* ; — suppurant, *pourou*

DATE, V. temps.

DATTE, *korma*, Pers.

DAVANTAGE, *lebé*.

DÉ (à coudre) *sârong djâri*, *dédal*, P. (à jouer) *boa pâri*, *dado*, P.

DÉBARQUER, *touron déri kapal* ; V. décharger.

DÉBORDER, V. inonder.

DÉBOUCHER, *bouka* ; ôter le bouchon, *tjabot soumbat*.

DEBOUT, *berdiri*.

DÉCENT, V. convenable.

DÉCHARGER (déposer) *letaq*, *lepas* ; (un navire) *bongkar* ou *touronkan mouatan*.

DÉCHIRER, déchiré, *koyâ*, *kouyaq*, *souyap*, *souweq*, *sobeq*.

DÉCIDER. V. résoudre.

DÉCOMBRES, *sampâ*. V. ruines.

DÉCOURAGEMENT, découragé, *rouçaq ati* ; décourager, *me* —, *kaci* —.

DÉCOUVRIR, V. ouvrir, exposer, voir, trouver.

DÉCRET, V. ordre, jugement.

DÉFAUT (imperfection) *sala*, *tjatjat* ; (vice) *djaat*, *kadjaatan* ; (manque) *korang*, *kakorangan*.

DÉFENDRE (secourir) *tolong* ; se —, résister, *lawan* ; prohiber, *larang*, *me* — *kan*, *tagâ* ; défendu, *larang*, *larangan* ; (par la religion) *haram*, Ar.

DÉFIER, V. provoquer. Se —, V. douter.

DÉFRICHER, *tabas*, *menabas*.

DÉGAÎNER, *ounous*, *meng* —.

DÉGOUTÉ, rassasié, *djemou*, *djoumou* ; B. *bocèn*.

DEGRÉ, *pangkat* ; V. escalier.

Déguiser (se) *samar, megnamarkan dirigna, me*'*oupakan dirigna.*

Dehors, *di louar.*

Déjeuner, *makan pagui.*

Délai, *tanggoan.*

Délayer, délayé *tjampour dengan ayer* (mêlé avec de l'eau ;) V. liquide.

Délicat, V. agréable, fin.

Délier, *ourey, lepas dèripada ikatgna.*

Délire, V. fou, exalté.

Délivré, *lepas, loupout* ; délivrer, —, *me — kan.*

Délit, *sala, doça.*

Demain, *éçoq, béçoq* ; le lendemain, *pada éçoq ari itu* ; après-demain, *louça.*

Demander, *minta* ; demande, *pemintaan* ; (s'informer), V. question.

Démanger, *gatal.*

Demeurer, *tinggal, diam.*

Demoiselle, *nona.*

Démoli, *reba, robo, rombaq;* démolir, — *kan* ; B. *bongkar.*

Dénoncer, *pitnâ*, Ar.

Dénouer, V. délier.

Denrée, V. vivres.

Dent, *guigui* ; (d'éléphant) *gading.*

Dépasser, V. passer.

Dépêcher (se), V. hâte.

Dépendre (être sous la dépendance) *ada dâlam* (ou *dibawah*) *prenta.* Cela ne dépend pas de moi, *itou boukan sâya pougna souka.*

Dépense, *belandja.* Combien dépensez-vous ? *Brâpa touan pougna* — ? Faire des dépenses, V. prodiguer.

Déposer, *tarô* ; mettre à terre, *letaq.* Dépôt, *petarô* ; dépositaire, *orang penarô.*

Dépouiller, V. piller, écorcher.

Depuis, *dèri* ; B. *dari.*

Déranger, V. désordre, importuner.

Dernier, *yang akir, yang kasoudaan* ; (en arrière) *di blakang sekali.* Le mois dernier, *boulan yang lalou.* Dernièrement, *bâro, tadi, bâro-tadi.*

Dérober, V. voler.

Déroute, *petjâ prang.*

Derrière (revers) *blakang;* (croupion) *pantât, ponggong, bountout* ; par —, *di blakang;* — cette maison, *dibaliq rouma itou.*

Désastre, V. malheur.

Descendre (v. n.) *touron;* (v. a.) — *kan* ; (une rivière) *ilir, iler.*

Désert, *tâna koçong* (terre vide) ; *tampat sougni* (lieu solitaire) ; V. bois.

Déshabiller (se) *tanggat* ou *klouarkan pekaïn.*

Déshonneur, *malo* ; *nâma bouçoq* (nom flétri).

Désirer, *endaq, ingin* (pron. igninn) ; désir, *kaendaq;* — violent, *idam.* Que désirez-vous ? *âpa touan pougna sou...* ? *âpa kendati touan ? (kaendaq ati.)*

Désobéir, tournez : ne pas obéir, transgresser l'ordre.

Désordre, en —, *bilas, bertjampour-tjampour, tjereyberey* ; mettre en —, déranger, — *kan.* Trouble, clameurs, *gadou, gampar, irou-ara.*

Dessein, V. intention.

Dessiner, *toulis*; dessin, — *an*, *gambar*, *pati*.

Dessous, *di bawah*.

Dessus, *di atas*.

Destinée, *ontong*, *adjal*.

Destituer, *petjâ* (casser).

Détacher, V. délier.

Détérioré, *binâça*, *rouçaq*; se — r, *djadi* —; — r, *binaçakan*, *merouçaq*.

Déterminé, V. fixé, résoudre.

Détester, V. haïr.

Détour, V. sinuosité.

Détroit, *selat*.

Détruit, V. détérioré, manger.

Dette, *outang*; devoir, *beroutang*; débiteur, *yang* —; créancier, *orang mengoutang*; créance, *pioutang*; je vous prie de me faire crédit de... *sâya minta touan bri outang sama sâya* ou *mengoutang sâya* (me débiter); *sâya minta tôlong sama touan sâya outang*... (je vous demande le service que je doive).

Deuil, *kabong*; en —, *ber* —; habits de —, *pekabongan*.

Devant, V. en avant, en face, en présence.

Dévaster, V. ruiner, piller.

Devenir, *djadi*, *men* —.

Dévider (enrouler) *balit*, *golong*, *likas*; dévidoir, *likasan*.

Deviner (comprendre d'avance) *arti daoulou*; (trouver) *dâpat*; (regarder dans l'avenir) *tilik*, *menilik*; devin, *orang pandey menilik*. V. sorcier, astrologie.

Dévoiement. V. diarrhée.

Devoir (charge) *tanggongan*; (besogne) *pekredjaan*. V. falloir. Devoir de l'argent, V. dette.

Dévot, V. pieux.

Dévoué, V. ami, fidèle, servir.

Diable (le) *sétan*, *iblis*.

Diamant, *intan*.

Diarrhée, *saket prout*, *prout berdjalan*.

Dictionnaire, *kitab bahaça*.

Diète, faire — *ta makan*, *djangan makan*.

DIEU, *Allah*, *Touhan Allah*. La divinité, *katouhanan*. Divinité indoue, *déwa*, *déwata*; idole, *berâla*.

Différent, *laïn*. V. sorte.

Difficile, *souça*, *soukar*; difficulté, *ka-an*.

Digne de, *arus*, *arôs*, *patout*.

Digue, *tarbis*, *temboq*, *timbouq*.

Diminuer (v. n.), *korang*, *mengorang*, *ilang*; (v. a.) — *kan*; (sur le prix) *tawar*; (raccourcir), V. court.

Dindon, *ayam belanda*.

Diner, *makan petang*.

Dire, *kata*; vulg., *bilang*; royal, *titah*. Exprimer, mentionner, *sebout*; comme il a été dit ci-dessus, *seperti yang disebut* ou *tersebout di atas itou*.

Direction (gouvernement) *parentah*, *prenta*; directeur, *yang pegang* —; V. maître. Dans la direction de, se diriger vers, *toudjou*, *menoudjou*.

Disciple, *mourid*, Ar.
Discours, *bitjâra*, *perkataan*.
Discret. V. sage.
Discussion, V. discours, querelle.
Disette, V. manque, famine.
Disparaître, *ilang*, *gaïb*, Ar.; *lin'gnap*.
Dispute, V. querelle.
Dissous, V. fondu.
Distance : à quelle —, *brâpa djao*.
Distribuer, V. partager.
District, *djedjaan*, *déça*, *daïra*, Ar.
Divers, V. sorte.
Divertir, *kaci souka*; se —, *maïn maïn*, *bersouka*.
Diviser, V. partager.
Divorcer, *saraq*, *bertjerey*; *talaq*, Ar.
Docile, tournez : qui obéit; (d'un animal) *djinaq*.
Docteur (médecin) *doukoun*, *doctor*; (en droit, en théologie) *hakim*, Ar. *pandita*.
Doctrine, V. enseignement.
Doigt, *djâri* : index, — *toudjou*; médius, — *tenga*, — *antou*; annulaire, — *manis*; auriculaire, — *kelingking*; pouce, *ibou* —, *ibou tangan*.
Domestique, *orang gadji*; jeune garçon, *boudaq*; B. *bouyong*; valet chinois, *boy* (A.) V. serviteur. Animal —, *binatang djinaq*.
Dommage (perte) *rougui*. Quel — ! *kacian*.
Donner, *kaci*; (accorder) *bri*; (à un supérieur) V. offrir. Donnez-moi du feu, *kaci âpi*; donner de la peine, *kaci souçâ*.
Don, gratification, *pembrian*, *anogra*; V. envoi, aumône, offrande
Dorer, V. or.
Dormir, *tidor*; (st. noble) *beradou*. S'assoupir, avoir envie de dormir, *antoq*, *mengantoq*. Endormir, *mentidorkan*.
Dos, *blakang*.
Dot, *mas kawin*.
Douane, *tampat* ou *rouma tjoukey*; B. *kantor sabandar*; droits, *tjoukey*; douanier, *orang pentjoukey*.
Double, *doua kali*, *doua lapis*.
Doubler, V. garnir.
Douleur, *râça saket*; rhumatisme, *sangal*, *saket dèripada ang'in*. V. chagrin.
Doute, *ta* ou *korang pertjâya*; V. soupçon. Douteux, *tada tentou*. V. savoir.

Doux, *manis*; (d'un animal) *djinaq*; (du langage, des manières) *lembot*, *lema-lembout*; (à l'ouïe) *mardou*; (au toucher) *litjin*. Eau douce, *ayer tawar*. V. calme. Doucement (lentement ou à voix basse) *perlahan-lahan*, *plân-plân*. Douceurs, friandises, *maniçan*, *sedapan*.

Drap (étoffe) *sakelat*, Pers.: B. *laken*, H. Drap de lit, *salimout*, *kain tampat tidor*.
Drapeau, *pandji*, *tonggol*; (europ.) *bandéra*. Arborer le pavillon, *paçang* ou *naïq* —.
Dresser, *mendirikan*. *tarô betoul* (placer droit); V. lever.

— un animal, V. enseigner, apprivoiser.

DROGUE, *obat;* droguer, *mengobati.*

DROIT (s) V. justice, pouvoir, impôt; (adj.) *betoul. lourous;* V. debout. La main droite, *tangan yang kanan;* assis à —, *doudoq di kanan;* tournez à —, *baliq ka kanan.*

DUR, *kras.*

DURABLE, *tegô.* V. éternel.

DURER, *tinggal.* Cela dura trois jours, *itou djadilah tiga ari lamagna* (V. pendant).

DYSSENTERIE, *tjirit dâra.*

E

EAU, *ayar, ayer;* B. *aer.* — claire, — *djerné* ou *brici;* — trouble, — *kerou, kro;* — douce, — *tawar;* — salée, — *macin;* — saumâtre, — *pâya;* — croupie, — *agnir;* dormante, — *tenang;* — courante, — *ilir;* — forte, rapide, — *dras;* — profonde, — *dâlam;* — basse, — *touhor.* V. marée. De l'eau pure (simple) — *sâdja,* — *semata-mata.*

ÉBÈNE, *kâyou arang* (bois charbon).

ÉBRÉCHÉ, *soumbing.*

ÉCAILLE, *siciq;* — de tortue, *koulit pignou.*

ECARLATE, *méra touâ, sakelat,* Pers.

ÉCARTER, *djarangkan;* V. séparer, éloigner.

ÉCHANGER, V. changer.

ÉCHANTILLON, *matjam, tjenta;* B. *tjountou, tjonto.*

ÉCHAPPER à, *lapas* ou *loupout dèri.* S'—, V. fuir.

ÉCHARDE, *tetal*

ÉCHARPE, *sandang;* B. *saboq.*

ÉCHAUFFÉ, V. brûlant, constipé.

ÉCHECS : jouer aux —, *maïn gadja;* échiquier, V. damier.

ÉCHELLE, *tangga;* échelon, *anaq* —.

ÉCHEVEAU, *toukal;* un — de fil, *benang sa* —.

ÉCHO, *dangong, balas bougni.*

ÉCHOUÉ (engagé) *lekat, sangkout, tersakat;* (jeté à la côte) *dampar.*

ÉCLAIR, *kilat, kilap.*

ÉCLAIRER, V. clair, torche. Eclaireurs, *mata djalan.*

ÉCLAT, V. briller. Eclat de bois, *tetal.*

ÉCLIPSE, *grahana; boulan dimakan raou* (la lune mangée par le dragon).

ÉCLORE, *tetas;* faire —, *menetas;* couver, *mengeram.*

ÉCLUSE, *tarbis, anaq seroukan;* B. *bendong'an.*

ÉCOLE, *tampat* ou *rouma beladjar, skoula,* E.

ÉCOPE, *timba.*

ÉCORCE, *koulit;* — d'arbre, — *kâyou.* Ecorcer, *koupas.*

ÉCOUTER, *dengar, menengar, intey;* (un avis) *dengar, tourot.*

ÉCRASER, *tindis;* (avec le pied) *indjaq.* V. broyer, presser.

Écrevisse, *oudang*.

Écrire, *toulis*, *menoulis*, *souratkan*, *megnourat* Ecrit (lettre, document) *sourat*. Ecrit en caractères arabes, *tertoulis* ou *tersourat dengan hourouf arab*. Manuscrit, *sourat tertou is tangan*. Ecrivain, *djourou toulis*, *orang pandey megnourat*, *pegnourat*. Ecritoire, V. encrier.

Écrouelles, *pourou baka*.

Écrouler (s'), *reba*, *robo*, *rento*.

Écueil, *batou karang*, *oudjong k*.

Écuelle, *mangko*.

Écume, *bouhi*; écumer (v. n.) *ber* —. Ecumoire, *tjedoq*; écumer, v. a., *men* —.

Écureuil, *toupey*.

Écurie, *rouma* ou *kandang kouda*, *pekoudaan*.

Éducation, *adjaran*.

Effacer, *apous*, *ilangkan*.

Efforcer (s'), *tjoba*, V. pouvoir

Effrayé, V. peur.

Effronté, *brani*.

Égal, *sâma*, *sâma djouga*, *satira*; d'égale longueur, *sâma pandjang*; uni, de niveau, *ratâ*; V. lisse Unir, niveler, *meratakan*. C'est égal (n'importe), *tida mengâpa*, *ta ngapa*. Cela m'est égal (je ne m'en occupe pas), *tida pedouli*; (comme vous voudrez), V. plaire.

Église, *gredja*, P.

Égratigner, *tjakar*.

Éléphant, *gadja*.

Éléphantiasis, *ontout*, *pegnakel bourou*.

Élève, *anaq mourid*, *orang peladjar*.

Élevé, *tinggui*.

Élever, V lever, hisser; (soigner), *pelihâra*, *piâra*; V. instruire.

Élire, élite, V. choisir.

Éloquent, *pandey bitjâra*.

Emballer, V. paquet.

Embarquer, v. n., *naïq prao*; v. a., *mouat*, *bawa*.

Embarras, V. difficile, arrêté, encombré.

Emblème, *oupama*.

Embouchure, *kouâla*, *mouara*.

Embranchement (de chemin), *simpang*.

Embrasser (prendre dans ses bras) *peloq*; brassée, *pemeloq*; donner un baiser (à la manière des Malais, en flairant) *tjioum*, *mentjioum*.

Embrouillé, V. mêlé, désordre.

Embuscade, *indap*, *intey*; se mettre en —, *ber* —, *meng* —.

Émeraude, *zemroud*, Ar.

Émétique, V. vomir.

Émeute, V. désordre.

Émigrer, *pindâ*.

Emmener, *bâwa*.

Émoussé, *toumpoul*, *belout*.

Empaler, *soula*, *megnoula*, — *kan*.

Empan, *djengkal*.

Empêcher (retenir) *tahan*; V. défendre.

Empire, V. roi.

Emplatre, *obat tampal*.

Emplir, V. plein.

Emploi, V. fonction, usage, servir.

Empois (de riz) *kandji*.

EMPORTER, *bâwa*.
EMPRUNTER. V. prêter.
ENCAN, *lélang*.
ENCEINTE. V. enclos; (grosse) *bounting*.
ENCENS, *estanggui, doupa*; V. benjoin.
ENCHÈRE, V. encan.
ENCLOS, *kampong*; (à bétail) *kandang*; clôture, *pagar*.
ENCLUME, *landacan*.
ENCOMBRÉ, obstrué, *toumpat, seraq*.
ENCORE, *lagui*; pas —, *belom*; jamais —, *belom perna*
ENCRE, *dawat*, Ar.; *tinta*, P. encrier, *bakas* ou *tampat* —.
ENDROIT, *tampat*.
ENDUIRE, *loumour, loumas, louloat, labour, ourap*; enduit, onguent, *perourapan, peloumouran*.
ENDURER, *tahan, tanggong*; V. permettre.
ENFANT (terme de parenté) *anaq*; (par oppos. à grande personne) *boudaq*; petit —, *kanaq-kanaq*; avoir un —, *beranaq*.
ENFER, *naraka*.
ENFERMER, V. fermer, prison.
ENFONCER (v. a.), *lantaq*, *me* —, *membenam*.
ENFOUIR, *tanam*.
ENGAGER, V. inviter, promettre.
ENGOURDI, *kebas*; engourdir, — *kan*.
ENGRAIS, *badja*; V. excrément.
ENGRAISSER. V. gras.
ENJAMBÉE, *langka*, — er, *me* —.

ENLEVER. V. lever, ôter; (faire fuir) *melarikan*.
ENNEMI (personnel) *sat'ou*; (public) *mouço*.
ENNUI, *kecal*; (trouble) *souça*; V. importuner.
ENROUÉ, *parou, seraq*.
ENSEIGNER, V. apprendre, indiquer.
ENSEMBLE, *sama-sama, ber* —; V. tout.
ENSEVELIR. V. linceul.
ENSUITE, *kemdian, komedien, lalou*.
ENTENDRE, *dengar*; V. comprendre; s'—, V. concerter.
ENTERRER, V. enfouir, tombe. Enterrement, *pertanaman*; aller à l'—, *mengiring djinazat* ou *mayet* (suivre le cercueil, le corps).
ENTÊTÉ. V opiniâtre.
ENTIER. V. complet, tout.
ENTONNOIR, *tjorot, tjorong*.
ENTORTILLÉ, V. mêlé, roulé.
ENTOURER, 1: mettre ou se tenir autour, clore.
ENTRAILLES, *ici prot*.
ENTRE, *antara*.
ENTREMISE. V. aide, courtage. Entremetteur (d'amour), *alkou, pinang mouda, orang talang*.
ENTRER, *maçoq*; V. pénétrer, introduire.
ENTRETIEN, V. parler, dépense.
ENVELOPPER (mettre en paquet) *bongkous*, — *kan*; enveloppe, *kaïn bongkouçan*; (du grain) *koulit, rouman*.
ENVERS, *akan, dengan*.
ENVIER, envieux, *dangki*;

envie, *ka-an*; avoir —, V. désirer.

ENVIRON, *kira-kira*, *barang*, *ampir*. Environs, *tampat tampat yang dekat* ou *ampir* ou *koliling*; (lieux qui auprès, autour.)

ENVOYER, *kirim*, *antar*; (quelqu'un, avec un ordre) *souro*; députer, *outous*; messager, *pesouro*, *souroan*; ambassadeur, *outousan*. Envoi, présent, *kiriman*.

ÉPAIS, — seur, *tabal*; (drû, serré) *lebat*; (non liquide) *korang tjayer*; *kantal*.

ÉPARS, *bertabour*, *tjereyberey*.

ÉPAULE, *bahou*.

ÉPÉE, *pedang*; V. sabre.

ÉPERON, *tadji*, *souco*.

ÉPERVIER, V. faucon.

ÉPI, *tangkey*.

ÉPICE, *rampa*; V. carry; épicé, *pedas*; très —, *angat*.

ÉPIER, V. regarder, espion.

ÉPILER, *bantoun boulou*.

ÉPILEPSIE, *sawan guila*, *pitam babi*.

ÉPINE, *douri*; épineux, *ber* —.

ÉPINGLE, *peniti*, *pinéti*, P. *pin*, A. (à cheveux) *tjoutjouq sanggoul*.

ÉPONGE, *bounga kárang*, *loumout k*. (fleur, mousse de rocher.)

ÉPOQUE, V. temps.

ÉPOUSER, époux, V. marier.

ÉPROUVER, *tjoba*; V. sentir, atteint. Epreuve *katjobaan*.

ÉQUARRI, *pápat*; — r, *memápat*.

ÉQUIPAGE, V. marin.

ÉQUIPER, V. munir.

ÈRE, *tarik senat*, Ar.

ERGOT (de coq) *souco*.

ERMITE, V. retraite.

ERREUR, *serat*, *silap*, *sala*.

ESCALIER, *tangga*, marche, *anaq* —, *anaq tingkat*.

ESCAMOTEUR, V. jongleur.

ESCARGOT, *ounam*, *kelamboui*.

ESCLAVE, *amba*; *abdi*; Ar.; (jeune) *boudaq*.

ESCOMPTE, V. intérêt.

ESCRIME, *main sindjáta*; (art) *ilmou* ou *hakmat sindjáta*.

ESPACE, V. intervalle, grandeur.

ESPÈCE, *matjam*, *djenis*, *roupa*, *baguey*; de toute —, *roupa-roupa*, *segala roupa*, *baguey-baguey*. Et autres de même —, *dan sabagueyqna*.

ESPÉRER, *arap*; espoir, *arapan*.

ESPION, *mata-mata*, *orang soulou*, *peqnoulou*; espionner, *meqnoulou*.

ESPLANADE, V. place.

ESPRIT, V. âme, intelligence, naturel; (d'un mort, revenant) *antou*; *djin*, Ar. Le Saint Esprit, *Roh-oul-koudous*, Ar.

ESQUINANCIE, *gouama*.

ESSAYER, *tjoba*.

ESSUYER, *sapou*, *meqnapou*, *goçoq*; *sèka*, P. Essuie-mains, V. serviette.

EST, *timor*, V. compas.

ESTIMER, V. apprécier.

ESTOMAC, *ampedal*.

ESTROPIÉ, *timpang*; privé d'une jambe, *koudong kaki sablá*; manchot, *koudong tangan sablá*.

ÉT, *dan, lagui.*

ÉTABLE, *kandang.*

ÉTABLI, V. assis, prouvé.

ÉTAGE, *tingkat, pangkat.*

ÉTAIN, *tima,* *pouté* (V. plomb). Etamé, *diprâda dengan tima.*

ÉTANG, V. marais.

ÉTAPE. V. halte.

ÉTAT, *hâl,* Ar., *pri;* profession, *kerdja, pekerdjaan.*

ÉTAU, *kakatouâ.*

ÉTÉ, V. saison.

ÉTEINDRE, *padam;* s'—, *mati;* la lampe a été éteinte, *palita souda te padam;* — est éteinte, — *souda mati.*

ÉTENDRE (déployer) *ampar;* (du linge) *ampey;* V. pendre, coucher.

ÉTERNEL, *kakal, baka,* Ar.; éternité, *kakalan*

ÉTERNUER, *bersin, bebangkas.*

ÉTINCELLE, *bounga âpi* (fleur de feu).

ÉTOFFE, *kaïn;* B. *kaèn.*

ÉTOILE, *bintang.*

ÉTONNÉ, s'étonner, *heyran,* Ar.; étonnant, *tjangang, adjaïb,* Ar.; prodige, *tjangangan.*

ÉTOUFFER, v. n., *lemas;* asphyxié, *mati* —.

ÉTOURDI léger *babal;* étourdisssement, *kapala poucing.*

ÉTRANGER, *acing;* marchand —, *orang dagang.*

ÊTRE, *ada;* V. devenir; n'est pas, *t'ada;* ce n'est pas... *boukan...*

ÉTRILLER, *gârou;* étrille, *peng* —.

ÉTROIT. *seçaq;* trop —, *korang lebar.*

ÉTUDIER, V. apprendre.

ÉTUI, *sârong.*

EUNUQUE, *sida sida, orang kebiri.*

ÉVANGILE, *indjil,* Ar.

ÉVANOUI, défaillance, *pangsan;* s'évanouir, *djadi* —. V. disparaître.

ÉVEILLÉ, *djaga;* s'éveiller, —, *bangoun.*

ÉVENTAIL, *kipas;* éventer, *mengipas.*

ÉVÊQUE, *ouskouf,* Ar.

ÉVIDENT, *trang, gnâta;* expliquer, prouver, — *kan.*

EXACT, *betoul, benar.*

EXAMINER, *preksa;* V. visiter.

EXCÉDANT, *yang lebé, kalebéan.*

EXCELLENT, t: très-bon, très-beau.

EXCEPTÉ, *melaïnkan, âgna, di louar.*

EXCITER, *ouciq, adjoq;* V. importuner.

EXCRÉMENT, *taï, tjirit.*

EXCROISSANCE, *toumbouan.*

EXCUSE. V. pardon.

EXÉCUTER, V. faire; (mettre à mort), *bouno, houkoumkan mati.*

EXEMPLE, V. comparaison, comme.

EXEMPTÉ, — r, *lepas;* exempt de droits, *ta kena béo.*

EXERCICE (militaire) *baris;* faire l'—, *berbaris, maïn sindjata.*

EXIGER, V. réclamer.

EXISTER, *ada, djadi;* (vivre) *hidop;* existence, *kaadaan, kahidopan.*

EXPÉRIENCE, V. épreuve.

Expérimenté, expert, *pandey, yang taô* ; V. habitude.

Expiré (passé) *poutous*.

Expliquer, V. évident, comprendre.

Exporter, *kelouarkan* ; objets d'exportation, *dagangan kelouar*.

Exposer (découvrir) *membouka, telelékan* ; (à l'air, au soleil) *djoumour*.

Expression, V. parole, libellé. Exprimer, V. dire, presser.

Extérieur (adj.) *yang di louar*.

Extraordinaire, V. étonnant, rare.

Extrêmement, V. très.

Extrémité, *oudjong* ; V. sommet, pointe.

F

Fable, V. histoire fausse.

Fabriquer, V. faire.

Face, *mouka* ; en —, *di* —, *di adapan*. Face d'une figure géométrique, *sagui*.

Fâché, V. colère.

Facile, *gampang, moudah, senang*.

Façon, V. manière.

Facteur, *petor* (P. feitor). Factorerie, *bendar* ; V. magasin.

Facture, *sourat itongan*.

Fade, *tawar, korang pedas*.

Faible, *lema, leté, leçou, korang tegó, korang kouat* ; (d'esprit) *babal, bodo, bingong*.

Faim, avoir —, *lapar* ; famine, *kalaparan*. Manger tout son appétit, V. rassasié.

Faire, *bekin, bouat* ; exécuter, travailler, *kerdja*. Faire savoir, *bri tao* ; faire venir, *pangguel* ; faire faire, *souro bekin* ; faire réparer, *souro baïki*. C'est fait, *souda*. Cela ne fait rien, V. égal. Action, œuvre, *bouatan, per* —, *pekredjaan*.

Faisan (de Malaisie) *moua* ; argus, *kouwaou*.

Faîte, V. sommet, toit.

Falloir, il faut, *mester*, P.; B. *misti*, V. convenable.

Falsifier, V faux.

Fameux, *ternama, mechohour, machour*, Ar.

Familier (apprivoisé), *djinaq*.

Famille, *tjatja, ici rouma*; parenté, *kelouarga* ; race, *bangsa* ; de bonne famille, *bangsawan*.

Famine, V. faim.

Fané, *layou*.

Fantôme, V. spectre.

Farine, *tepong*.

Farouche, *ligar, garang*.

Fatigué, *paya, lete, letá* ; B. *tyapé*.

Faubourg, V. ville.

Faucon, *bourong lang*.

Faute, *salá, dó a* ; V. manque. Coupable, répréhensible, *yang salá, kasalaan, berdóça*.

Faux, *dousta, ta betoul, korang benar, bohong, palsou* (P. falso ; dissimulé, *tjoulas ati*. Falsifier, *mendoustakan*.

Faveur, *karounia* ; favoriser, *tolong, kacé* ; favori, *ka-*

kacé, dikacé; favorable, V. propice.

FAVORIS, *boulou pipi, tali toudong.*

FEINDRE, *poura-poura.*

FEMELLE, fémmin, V. p 73; femme, V. mari.

FENDRE, se —, *belá*; fente, *beláan*; interstice, *tjeli.*

FENÊTRE, *djenéla djandéla,* P.; *tingkap.*

FENOUIL, *ades.*

FER, *beci*; — blanc, — *pouté, prada beci*; — à repasser, *beci strika.* Fers, chaînes, *rantey, lounggou.*

FERME (solide) *tetap, tegô*; (location, monopole affermé) *padjar, padjaq*; fermier, *orang yang pegang* —; affermer, *memadjar.*

FERMER, *toutoup.*

FÉROCE, *liyar, buwas, gârang*; vorace, *ganas.*

FERTILE, *méwa, soubour*; V. bon.

FESSE, V. derrière.

FESTIN, V. traiter.

FÊTE, *ari beçar, ari râya*; (européenne) *pesta* (P. festa).

FÉTICHE, V. charme.

FEU, *api*; V brûler.

FEUILLE, *daoun*; — morte, — *laiyou*; — tombée, — *gougour*; (de métal, de papier) *keping, ley, lembar*; (à plaquer, clinquant) *prada.*

FÈVE, *katjang beçar*; V. p. 42.

FIANCER, *tounang*; fiancé, *orang bertounang, tounangan, mampeli.*

FICELLE, V corde, fil.

FIDÈLE, *satia, satiawan, tegô*; les fidèles, V. croire.

FIEL, *ampedou.*

FIENTE, *taï, tjirit.*

FIER, *ati beçar*; V orgueil.

FIER (se), V. confier.

FIÈVRE, *demam*; — tierce, — *ganti ari.*

FIFRE, *souling.*

FIGÉ, *bakou.*

FIGUE, *bouwa ara*; figuier des Banians, *djawi-djawi, waringui.*

FIGURE (visage) *mouka*; (forme) *roupa.*

FIL, *benang*; (de métal) *dawa, kawat.*

FILE, *baris.*

FILER, *anté.*

FILET, *djila, djâring*; pêcher au —, *poukat.*

FILOU, V. voler.

FILS, fille, V. p. 29. Beau-fils, *anaq tiri.*

FILTRER, *tapis*; filtre, *tapiçan.*

FIN (ténu) *alous*; (mince, délicat) *nipis*; (d'esprit) *tjerdeq.*

FINI, *abis, souda, poutous*; finir (v. a) — *kan*; (v. n.) V. cesser; fin, *akir*, Ar.; *kasoudaan*; (d'un écrit) *tammat*, Ar. (bout) *oudjong*; la fin du monde, V. résurrection.

FIXER, V arrêter, attacher, regarder; prix fixe, *arga mati.*

FLAIRER, *tjioum.*

FLAMBEAU, V torche, chandelle.

FLAMME, *gnála*; en —, *ber* —.

FLANC, *roucouq.*

FLANELLE, *kaïn panas, kaïn boulou.*

FLATTER, *boudjoq.*
FLÈCHE, V. arc.
FLEGME, V. glaire.
FLÉTRI (fané) *layou.*
FLEUR, *bounga, bonga*; B. *koumbang*; bouquet, *karangan* —; un —, *sakarang* —.
FLEXIBLE, *lembot*, *lembé*, *liyat.*
FLOT, V. vague, marée.
FLOTTE, *angkatan kapal kapal*, *kalangkapan prao prao*
FLOTTER (sur l'eau) *timboul*, *agnot*; (dans l'air) *berkibar.*
FLÛTE, *ouling.*
FLUX, V marée.
FOC, *djib.* A.
FOI, V. croire.
FOIE, *limpa.* Rate, *anaq* —.
FOIN, V. herbe.
FOIS, *kâli*; combien de fois, *brâpa* —; une seule fois, *satou* — *sâdja*; en une fois, d'un coup, — *dengan sakali*; V. très, quelquefois, *barangkali*; à la fois, ensemble, *sama-sama.*
FONCÉ, *toua*, *itam.*
FONCTION, *djabatan, pegangan*; V. travail.
FOND, *paniat*; V. base; (d'étoffe) *tâna*; (d'eau) *dalam*; haut —, *ayer dalam*; bas —, *touhor*, *beting*, *ayer dangkal.*
FONDEMENT, V. anus; (d'un mur) *kaki tèmboq*; (d'une maison) *alas rouma.*
FONDER, V. créer, construire.
FONDS (capital) *moudal.*
FONDU (dissous) *antjour*, *tjayer*; dissoudre, — *kan*; fondre un métal, *labour*; fourneau de mine, *dapour labouran*; creuset, *tjawan labouran.*

FONTAINE, *prigui*; (conduit) *pantjouran*; (source) *mata ayer.*
FORCE (vigueur) V. fort; (puissance, contrainte) *gagah*, *kouâsa*, *paksa*; par force, *dengan* —; forcer, *paksa*, *memaksa*; V. contenir.
FORÊT, V bois.
FORGER, *timpa.* Forgeron, *toukang beci.*
FORME, *roupa*; formes, proportions, *sikap.*
FORT, force, *kouat*; de toute sa force, *dengan sekouatgna*; ferme, solide, *tegô*; fort, violent (du vent, d'une fièvre) *kras*; (d'un courant) *dras*; (au goût) *pedas*, *angat.*
FORT (forteresse) *kota*, *kouta*; retranchements, redoute, etc., *koubou*, *bintang*, B *bèntèng*; V. mur, fossé.
FORTUNE, V. richesse, chance.
FOSSE, *lobang.*
FOSSÉ, *parit*, *galian*; (conduit d'eau) *alor.*
FOU, *guila.*
FOUDRE, V. tonnerre.
FOUET, *tjaboq*, *tjameti.*
FOUILLER, V. creuser.
FOULE, *bagnaq orang*, *kompoulan orang.* La foule, le public, *orang bagnaq*, *orang kabagnakan.*
FOULER aux pieds, *indjaq.*
FOUR, *dapour.*
FOURCHE, *pentjoutjouq*; V. embranchement.
FOURCHETTE, *garfou*, P.
FOURMI, *semout*; grande — rouge, qui fait son nid dans les

arbres, *krangga* ; — blanche, termite, *semout pouté*.

FOURNEAU, *dâpour* ; (de mine) V. fondre.

FOURNIR, V. procurer, vendre.

FOURRAGE, V. herbe.

FOURREAU, *sârong*.

FRAGILE, *rapo*.

FRAIS, V. froid, nouveau, vert, dépense.

FRANC, V. vrai, sincère, libre.

FRANCHIR, V. passer.

FRANGE, *rambey* ; V. bord.

FRAPPER, V. battre, pied ; — avec les doigts, faire toctoc, *ketoq* ; frapper à la porte, *keto pintou* ; — avec un instrument tranchant, *tetaq*, *parang* ; — d'un coup de pointe, *tikam*.

FRAUDE, *semou-dâya* ; en —, *tjouri-tjouri*.

FRÉQUENT, V. souvent. Fréquenter, V. mêler, visiter.

FRÈRE, sœur, *saoudara*, *soudâra*, V. p. 29 ; — de mère, — *tiri* ; — de lait, — *sa-soucou*, *souçouan* ; frère aîné, *abang* ; sœur aînée, *kâkaq* ; frère cadet, sœur cadette, *adeq*, *adé*. Beau-frère (le frère de l'épouse *biras* ; (le mari de la sœur) *ipar* ; belle-sœur, *biras perampouan*, *ipar p*.

FRIANDISE, V. doux.

FRIRE, frit, *goring* ; B. *gorèn*.

FRISÉ, crépu, *papoua*.

FRISSONNER, V. trembler.

FROID, *dingin* (pr. d-guinn;) frais, *sedjoq*.

FROMAGE, *kédjo* (p. queijo).

FROMENT, V. blé.

FRONDE, *ali-ali*, *lengga-ngan*.

FRONT, *dahi*.

FRONTIÈRE, *tepi negri*, *peminggir*.

FROTTER, *sapou*, *goçoq* ; masser, *pidjat*.

FRUIT, *bouwa*, *bôa*.

FUIR, *lâri* ; B. *minggat*.

FUMÉE, *açap* ; fumer (produire de la fumée) *beraçap* ; — (du tabac, de l'opium) t. boire, manger, sucer tabac.

FUMIER, V. excrément, engrais.

FURIEUX, V. colère, farouche ; folie —, *amoq*.

FUSEAU, *kici*.

FUSÉE, *petacan*.

FUSIL, *senapang* (H. snaphaan) ; *bedil*.

G

GAFFE, V. perche, croc.

GAGE, *gadey* ; mis en —, *ter* — ; V. dépôt. Gages, V. salaire.

GAGNER (avoir du profit) *dapat laba* ou *ontong* ; on n'y gagne rien, *tada laba*, *tada ontong* ; combien gagne-t-il ? t : combien son salaire. Gagner au jeu, *menang*, — un mal, *kena sakit* ; — par un présent, V. corrompre.

GAI, V. content.

GAÎNE, *sarong*.

GALE, *gatal*, *koudis*.

GALERIE (extérieure) *beranda* ; (intérieure) *serambi*.

GALON, *rinda*, P. ; *pasmen*, H.

GANT, *sarong tangan*.

GARANTIR, V. abriter; (répondre) *mengâkou, tanggong, menanggong*; répondant, caution, *orang* —

GARÇON (fils) *anaq laki-laki*; (jeune homme,) *bo'daq, terouna*; B. *bouyong*; jeune serviteur) *boudaq. boy*, A.; célibataire, *boudjang*.

GARDE d'épée, *oulou pedang*.

GARDER (surveiller) *djaga, tonggou, berkawal*; (du bétail) *gombalakan*; (conserver) *simpan*; vulg. *simpang*; gardien, *orang djaga, kawal, pengawal, penonggou*; — de police, *mata-mata*; — d'animaux, *gombala*. Corps-de-garde, *djaga-djaga*; avant-garde, éclaireurs, *mata djalan*. Prenez garde, *djaga baïq, inggat inggat*; gardez-vous de, *djangan*.

GARE! *lalou* (passez).

GARGARISME, *koumour*.

GARNIR (le fond) *alas*; doubler, plaquer, *lapiskan*; doublure, *lapis*, — *an*; doublé de cuivre, *berlapis tambaga*.

GATEAU, V pâtisserie, pain.

GATÉ, V. détérioré, pourri.

GAUCHE, *kiri*; à —, *di* —, *ka* —. Gaucher, *kidey, kidal*.

GAZE, *kaïn kelambou*.

GAZON, *rompot*.

GENCIVE, *gouci, daguing guigui*.

GENDRE, *menantou laki-laki*.

GÊNÉ, *seçaq*.

GÉNÉRAL, V. commun, tous, chef; général européen, *djendral*.

GÉNÉREUX, *mourа, ati* — .

GENOU, *loutout*; à —, *doudoq ber* —.

GENRE, V. espèce.

GENS, *orang*.

GERBE, *berkas*

GERMER, *timboul, tounas*.

GÉSIER, *ampedal*.

GIBERNE, *bandala*, P.

GIBIER, *binatang outan* (animal sauvage).

GIGOT, t: cuisse de mouton.

GINGEMBRE, *alia, sepadas*.

GIROFLE, *bounga tjingké*.

GIROMOND, V. courge.

GIROUETTE, *tonggol angin, bolang-baling*.

GLACE (eau gelée) *ayer batou*; (verre) *katja*; (miroir) *tjermin, katja mouka*.

GLAIRE, *daaq, lindir*.

GLAISE, V. argile.

GLISSANT, *litjin, lindir*.

GLISSER, *kintjir*.

GLOBE, *boulat*. — terrestre, — *dounia*.

GLOIRE, glorieux, *moulia*; glorifier, *memouliakan*; V louer.

GLU, *perakat, gueta*; gluant, *yang lekat, lindir*.

GOBELET, *koudja*.

GOELETTE, V. navire.

GOÎTRE, *kandong léher*.

GOLFE, *teloq*.

GOMME, *gueta, gouta*; — gutte, — *kambodja*; — laque, *ambalou, ampalo*.

GONFLÉ, V. enflé.

GORGE, cou, *leher*; gosier, *karong kongan*; défilé, *tjourang*; V. sein.

GOUDRON, *gala-gala, mignaq ter* (huile de *tar* ou *teer*); V. résine.

GOULOT, *moulout*.

GOURMAND, *madjo*, *pemadjo*, *pamoudjou*; *guelodjo* (P. goloso).

GOUSSE (de pois, etc.) *sekam*; (d'ail, etc.) *oulas*.

GOUT, *râça*; cela à le — de, *raçagna seperti*; sans —, V. fade; le sens du —, *peraçaan*; quel est votre goût? *beguimana touan pougna souka*? A son —, *seperti dia pougna souka*.

GOUTER (déguster) *tjoba*, *ketjap*.

GOUTTE, tomber par —, *titiq*.

GOUTTIÈRE, *selouran atap*.

GOUVERNAIL, *kemoudi*; timonnier, *djouro moudi*.

GOUVERNANTE, femme de charge, *aya*, *dayang*.

GOUVERNEMENT, *parenta*, *prenta*, *gobernemen*, A. gouverner, *memarenta*; gouverneur, *yang pegang prenta*, *goubernour*, *gournador*, E.

GOYAVE, *djambou bidji*.

GRACE, V. faveur, pardon.

GRADE, *pangkat*.

GRAIN, *bidji*, *boutir*; graine, semence, *bidji*, *beni*; bourrasque, *ribot*.

GRAISSE, *lemaq*; B. *goumoq*.

GRAMMAIRE, *sarfou*, Ar.

GRAND, gros, fort, *beçar*; élevé, de haute taille, *tinggui*; vaste, spacieux, *louas*, *guedang*; grandeur, grosseur, *kabeçaran*, *beçargna*; hauteur, taille, *katingguian*, *tingguigna*; grand personnage, *orang beçar*, *orang kâya* (riche).

GRANGE, *djulapang*.

GRAPPE, *tendan*, *sikat*.

GRAPPIN, V. croc.

GRAS (engraissé) *goumoq*, *temboun*; engraisser (v. n.) *djadi* —; V. graisse.

GRATTER, *garou*, *garo*, *meng* —.

GRATUIT, — ement, *sekacikaci*, *tjouma-tjouma*, *dengan tida bayar* (sans payer).

GRAVE (important) *brat*, *beçar*; (sérieux, pensif) *mourang*, *bermanong*; maladie —, *saket payah* ou *paït*.

GRAVER, *oukir*; graveur, *pen* —, *peng* —.

GRAVIER, *karsiq*; V. sable.

GRÊLE, *oudjan batou* (pluie de pierres).

GRÊLÉ (de variole) *betjapo*; B. *tjeratjaq*.

GRENADE, *delima*.

GRENAT, V. rubis.

GRENIER, *loting*, *praan*, *tingkat*; V. grange.

GRENOUILLE, *kataq*.

GRIFFE, *koukou*.

GRIGRI, V. charme.

GRILLER, *panggang*, *goring*.

GRILLON, *tjingkreq*.

GRILLAGE, *kici-kici*.

GRIMPER, *pandjat*; (d'une plante) *lilit*.

GRIS (brun) *itam manis*; (bleuâtre) *birou manis*. Ivre, *maboq*.

GROGNER, *mengarong*.

GROIN, *mountjong*.

GROS, V. grand, gras, grossier. En gros, V. vendre.

GROSSESSE, V. enceinte.

GROSSIER (gros) *kaçar*, (mal appris) *kaçar*, *tjaboul*, *korang adjar*.

GUÉ, *ayer dangkal*, *ayer kaarongan*; passer à gué, *arong*, *djalan trous ayer*.

Guêpe, *angkout-angkout*.

Guérir, guéri, *soumbo*; (v. a.) *megnoumbo*.

Guerre, *prang*.

Guetter, *mengandap*.

Gueule, *moulout*.

Guider, V. conduire, indiquer.

Guitare, *ketjapi*.

Gutta-percha, *gueta pertja*, *gueta tebaw*; V. gomme.

H

Habile *pandey*, *yang taô*; V. rusé, habitué.

Habit. V. vêtement.

Habiter. V. demeurer. Habité, V. peuplé; inhabité, *koçong* (vide). Les habitants, *orang negri*, *ici n.*, *anaq n.*

Habitude, *adat*; avoir l'—, *biasa*; B. *bica*; habituel, *seperti selalou* (comme toujours).

Hache, *kapaq*; cognée, *penebang*; couperet, *parang*. Hacher, *tjintjang*.

Haie, *pagar*.

Haïr, *bintji*, *dangki*; haine, *ka-an*.

Haleine, V. respirer.

Halle, V. marché.

Halte, *perentian*; faire —, *berenti*.

Hamac, *bouayan*, *katil*.

Hameau, V. village.

Hameçon, V. ligne.

Hanche, V. cuisse.

Hangar, *bangsal*, *pondoq*, *pendopo* (?)

Hardi, *brâni*.

Haricot, V. p. 43; B. *bountjis* (H. boontjes).

Harnais, *aba-aba*, *pakien kouda*.

Harpon, *serampang*; trident, — *yang bertaring tiga*; V. croc.

Hasard, V. sort; par —, *koundjong-koundjong*, *tiba-tiba*.

Hatchich, *gandja*.

Hâte, *segra*, *sigra*, *lakas*; à la —, *dengan* —; se hâter, *bersegra*; hâtez-vous, vivement! *lakas lakas*.

Hauban, *tambirang*.

Haut, élevé, *tinggui*; sonore, V. voix; le haut, V. sommet; — d'une rivière, *oulou*. Hauteur, *katingguian*, *tingguigua*. Le Très-Haut, *Allah taala*, Ar.

Hégire (l'), *el-herat*, Ar.

Hélas, *wah*, *weh*, *kacihan*.

Hémorroïde, *sambiliq*, *pouroun* —, *bawacir*, Ar.

Herbe, *rompot*, *roumpout*; — sèche, — *kring*; foin de Sumatra, *lalang*; mauvaises herbes, broussailles, *semaq*.

Hérédité, *pousaka*; héritage, *arta* —; hériter, *dapat* —, *berwaris*; héritier, *waris*, Ar.

Hermaphrodite, *bantji*, *kensa*, Ar.

Hernie, *bourout*.

Héron, *bourong kountoul*; V. cigogne.

Herse, V. râteau.

Heure, V. p. 69.

Heureux, V. bonheur.

Hibou, *bourong antou* (oiseau fantôme), *b. seraq* (o. rauque), *b. ponggoq*.

Hier, *kalmarin*; B. *kala-*

marèn ; avant-hier, —*daoulou.*

Hippopotame, *kouda ayer.*

Hirondelle, *layang-layang.*

Hisser, *naïq* ; — un pavillon, *paçang* ou *memakey bandera.*

Histoire, *tjerita, tjertra, hikayat,* Ar. *kicat,* Ar. *stori,* P. raconter, *tjertrakan.*

Hiver, V. saison.

Holothurie, *tripang, soualâ.*

Homard, *oudang beçar.*

Hommage, V salut, don.

Homme, *orang laki-laki* ; individu, gens, *orang* ; le genre humain, *manoucia, orang* —.

Honnête, V. sincère, poli.

Honorable (distingué) *moulia* ; (puis ant, riche) *beçar, kaya* ; honoré (vénéré) *terhormat* ; V. sacré. Honneur (dignité) *kamouliaan, kabeçaran* ; — rendu, *hormat,* Ar.

Honte, avoir — ; *malo, mâlou, tjanggong* ; opprobe, tache, *tjela, katjelaan, kedji, kakedjian.*

Hôpital, *rouma saket.*

Horizon, t. bord ou pied du ciel.

Horloge, V. p. 69.

Horoscope, *nedjoum,* Ar.

Hospitalité : donner l'—, *djamou, men* — ; la recevoir, *toumpang.* Hôte, *orang mendjamou, o. menoumpang.*

Hôtel, *rouma menoumpang.* Restaurant, *rouma makan.*

Houe, *tjangkoul.*

Huile, *mignaq.*

Huître, *tiram, sipout.*

Humain, V. homme, pitié.

Humble, *renda.*

Humeur, *ayer dara* (eau du sang) ; V. pus, naturel.

Humide, V. mouillé.

Huppe, *djamboul.*

Hydrocèle, *peler goembong* ou *gombong.*

Hydropisie, *peynaket ayer, bouçong, bountjit.*

Hypocrite, *tjoulas ati.*

Hypothèque, V. gage.

I

Ici, *sini, di sini.*

Idée, V. pensée, invention.

Idiot, V. imbécile.

Idole, *berâla.*

Igname, *oubi.*

Ignorant, *babal, korang tao.* Ignorer, *ta tao.*

Ile, *poulaw, poulo.*

Image, V. dessin, statue, emblême.

Imbécile, *bodo, babal, bingong.*

Imiter, *djadjat, tirou* ; V. suivre.

Immobile, *tetap, tida bergraq.*

Immonde, *nedjis,* Ar. ; (qu'il est défendu de manger) *haram dimakan.* Immondices, V. ordure.

Immortel, V. éternel.

Impair, *gaçal.*

Important, *brat, beçar.* N'importe, V. égal, quelconque — lequel, *sama inilah atao itoulah.* Importer (introduire) *bawa maçoq* ; marchandise d'importation, *daganyan.*

Importuner, *gadou, oucig, bri souça.*

Impôt, *oupeti, tjoukey, béa.*

Imprécation, *maki-maki.*

Imprimer, *teru, tjap* ; (en frappant) *timpa* ; lithographié, *tertera di batou.* Caractères d'imprimerie, *hourouf tjap.* Presse, *pekakas tera* ou *tjap, apitan, press,* A. Imprimeur, *toukang tjap.*

Impur, V. immonde, sale, obscène.

Incendie, V. feu, brûler.

Inceste, *soumbang.*

Incliner, V. pencher.

Inconstant, *bimbang.*

Inculte, V. désert.

Indemniser, *sili, megnili* ; indemnité, *wang* —.

Indigo, *nila, taroum.*

Indigène, *anaq* ou *orang negri* ; V. intérieur.

Indiquer, *toudjou, ondjoq* ; enseigner, *adjar* ; indication, guide, signal, *toudjouan.*

Inférieur, V. dessous, vil.

Infidèle (non musulman) *kafir*, Ar.

Infirme, V. estropié, faible.

Inflammation, V. brûlant.

Informer, *kaci tao, bri kabar* ; s'—, V. questionner, examiner.

Ingrat, t. qui oublie.

Injecter. V. arroser.

Injure, injurier, *maki, oupat, ompat, nista.*

Injustice (abus, oppression) *aniaya.*

Innocent, t. net, non coupable.

Inonder, *ampo, meng* — ; inondation, *ayer ba, ampoan, bagnir.*

Inquiet, — ude, *souça ati, sâyang* ; V. crainte ; s'inquiéter (s'occuper) *pedouli*, Ar.

Insecte, V. ver, mouche.

Insensé, V. fou, absurde.

Insolent, V. grossier, hardi.

Insouciant, *tida pedouli* ; V. paresseux.

Inspecter, *preksa.* Inspecteur de police, *mata-mata.*

Instant : un —, *sabentar* ; dans un —, — *lagui, kalaq* ; à l'— même, — *ini, sakarang ini* ; à l'— où, *tetkala* ; au même —, *tetkala itou, dengan sabentar itou* ; il n'y a qu'un —, *tadi.*

Instruire, V. enseigner, informer. Instruit, V. savant.

Instrument, *pekakas* ; de musique, V. musique.

Insulte, V. injure.

Insurrection, V. révolte, bataille.

Intelligence, *boudi, akal*, Ar. conception, *pendapat.* Intelligent, *berboudi, berakal* ; fin, *tjerdeq.*

Intendant, *djourou rouma, mayordomo*, P. *mandour* (mandador), *stoud* (steward).

Intention, *kaendaq, niat*, Ar.

Intérêt, V. bienveillance, pitié, profit. — d'une somme, *bounga wang* (fleur d'argent) ; portant —, *berbounga.*

Intérieur (adj.) *di dâlam, yang dâlam* ; l'—, *dâlamgna* ; ce qui est dedans, ce qui remplit, *ici, icigna* ; dans l' — du pays, *di oulou* (c'est-à-dire dans le haut de la rivière). Habitants de l'—, *orang douçoun* (villageois).

INTERMÉDIAIRE, V. courtier, aide.

INTERPRÈTE, *djourou bahaça.*

INTERROGER, *tâgna* ; (un accusé) *preksa.*

INTERSTICE, *tjelâ*, *selang.*

INTERVALLE, *antara*, *selang*, *kaselangan.*

INTESTIN, V. boyau. Les —, *ici prot* (le contenu du ventre).

INTRIGUE, V. ruse.

INTRODUIRE, *maçoq*, *bâwa* —, *tarô dâlam.*

INVENTER, *dâpat*, *men* — ; invention, *pen* —.

INVITER prier *minta* ; (prier de venir) *pangguel.*

IRRITER, V. exciter, colère.

ISLAMISME, *agama islam.*

IVOIRE, *gading.*

IVRE, *maboq* ; ivrogne, *pemaboq.*

J

JAILLIR, *terbet*, *timboul.*

JALOUX, *tjimbourou*, *tjembrou* ; jalousie, — *an* ; V. envie, soupçon, rideau.

JAMAIS, V. p. 44, note.

JAMBE, *kaki* ; (du genou au pied) *betis* ; mollet, *djantong betis*. V. cuisse.

JAMBON, *paou babi.*

JAQUE (fruit) *nangka.*

JARDIN, *kebon*, *keboun*, *taman.*

JARRE, *tepayan.*

JASMIN, *malati*, *yasmin.*

JAUNE, *kouning*. Fauve clair, *pérang.*

JAVELOT, sagaïe, *pandahan.*

JETÉE, V. digue, pilotis.

JETER, lancer, *lontar*, *lontar*, *lempar* ; (un liquide) *lounjour* ; faire tomber, précipiter, *djatokan* ; rejeter, *bouang.*

JEU, V jouer.

JEUNE, *mouda*. Le plus — (des enfants) le dernier né, *bongsou.*

JEÛNE, *pouâça* ; V. carême ; à jeun, *prot koçong* (ventre vide).

JOAILLERIE, V. bijou.

JOIE, joyeux, *souka*, — *tjita*, — *ati.*

JOINDRE, *sambong*, *oubong*, *merapat* ; joint, ajusté, *rapat*, *beroubong*. Jointure, V. articulation.

JOLI, *bagous* ; gentil, *tjantiq.*

JONC, V. rotin.

JONGLER, *soulap* ; jongleur, *pegnoulap.*

JONQUE, *wangkang*, *djong.*

JOUE, *pipi.*

JOUER, *maïn* ; B. *maèn* ; jeu, *maïnan* ; jouet, *maïnmaïnan.*

JOUG (de buffle) *gou*, *igou*, *aba-aba.*

JOUR, V. p. 69.

JOURNAL, *sourat kabar.*

JOÛTE, V. lutte.

JUGE, *hakim*, Ar. Jugement, *houkoum*, Ar., — *an* ; juger, *menghoukoum*, — *kan* ; jugé, condamné, *di houkoum*, *kena houkoum*. Palais de justice, *tampat houkoum*, *rouma bi-*

tjara. Tribunal, juridiction, *mekoumat*, Ar. Le jugement dernier, V. résurrection.

JUMEAU, *anaq kambar*.

JUMENT, *kouda betino*.

JUPE (malaise) *sârong*, *kaïn* —.

JURER. V. serment, imprécation. Prononcer inutilement le nom de Dieu, *sebout nâma Allah sia-sia*.

JUS, *ayer*; (obtenu par pression) *pra*; (par cuisson, sauce) *kouâ*.

JUSQU'A, *sampey*, *ingga*, *saïngga*.

JUSTE (équitable) *adil*, *adel*, Ar. (exact, vrai, droit) *betoul*, *benar*. Justice, *ka—an*; V. juge.

K

KABATOÈS, *kaka-toua*.

KARRY, *gouley*.

L

Là, *sâna*, *sitou*, *di*—, *ka* —.

LABORIEUX, *radjin*.

LABOURER, V. charrue.

LAC, *taceq*

LÂCHE (non tendu) *longgar*; V. peureux.

LÂCHER, *lepas*, — *kan*.

LAID, *roupa bourouq* ou *kedji*; (de visage) *mouka b*.

LAINE. t. poil de mouton; étoffe de laine, *souf*, Ar. *sakelat*, Pers.

LAISSER. V. rester, permettre. — aller, V. lâcher.

LAIT, *souçou*, *ayer* —. Frère de lait, *souçouan*; je suis son —, *sâya sama souçouan dengan dia*. Allaiter, *kaci souçou*, *megnouçoui*; allaité par, *di souçoui ou'é*. Nourrice, *pegnouçou*. Lait de coco, *ayer klapa*.

LAMANTIN, vache marine, *dougong*.

LAME, *mata*; (de mer) V. vague.

LAMPE, *palita*.

LANCE, *toumbaq*, *lambing*.

LANCER, V. jeter.

LANCETTE, *tadji*.

LANGE, *kaïn lampin*.

LANGOUSTE, *oudang becar*.

LANGUE, *lidi*; langage) *bahaça*. La luette, *anaq lidi*.

LANIÈRE, *djangat*, *tjemeq*.

LANTERNE, *lanterna*, P. — chinoise (de papier *tenglong*.

LAPIN, *kaweleu* (P. coelho); t. chevrotain d'Europe, chat de Hollande.

LARD, t. graisse de porc.

LARGE, *lébar*; ample, *longgar*; large de deux coudées, *lébargna doua asta*; quelle en est la largeur? *brapa lebargna*.

LARME, *ayer mata* (eau des yeux), V. pleurs.

LAS, V. fatigué.

LATRINES, *djamban*.

LAVER, *baçô*, — [illegible] V. nettoyer.

LÉCHER, *djilat*.

LEÇON, V. apprendre.

LÉGER, *ringan*; (de caractère) *babal*, *bimbang*; V. agile. Alléger, soulager, *meringankan*.

LÉGUER, V. testament.

LÉGUME, *sayor*.

LENT, *lambat*, *laley*; lentement, doucement, *plân-plân (perlahan-lahan)*.

Léopard, V. tigre.

Lèpre, *koudal, kousta*; lépreux, *ber* —. Taches de lèpre, *sopaq*.

Lequel, *yang*; avec —, *yang... dengan dia*; pour —, *yang.. akan dia*. Lequel? *mâna, yang mâna?* (en parlant d'une personne) *siapa, sapa, yang sapa?*

Lest, *toulaq bâra*.

Leste, V. agile.

Lettre (caractère) *hourouf*, Ar. (épitre) *sourat*.

Lever, *angkat*; — l'ancre, *bongkar saou*; se —, *bangoun, bangket*; (des astres, du brouillard) *terbet, naïq*.

Lèvre, *bibir*.

Lézard : petit-chanteur, des maisons, *tjitjaq*; plus gros, à voix forte, gecko, *tokey, toké*; grand, brun (ou vert?) des lieux humides, *bingkarang*; très-gros, igouane, *biawaq*

Libellé, *bougni sourat*.

Libertin, *riçaw*.

Libre (non esclave) *mardika*; affranchir, — *kan*; indépendant, *bibas, bébas*; port franc, *negri* —. Terrain libre, inoccupé, *tâna kosong* (vide).

Lie, *krou, taï*.

Lier, *ikat*; V. chaîne.

Lieu, *tampat, tompat* (dans le m. litt. *tompat* sign. bouché). — d'aisance, *djamban*. Au lieu de, *ganti*.

Lieue, V. mille.

Lieutenant, *litnan*, H. (de navire), V. p. 51

Ligne, *bâris*; en —, aligner, *ber* —; — tracée, *sipat*; V. raie; — d'écriture, *mistar*, Ar. *satar*, Ar. — à pêcher, *tâli kaïl, tâli pantjing*; hameçon, *mata kaïl, kayit pantjing*.

Limaçon, *ounam, kelamboui*.

Lime, limer, *kikir*.

Limite, *pringgan* (*per-hingga-an*). Bord, *tepi*.

Limon, V. boue, orange.

Lin, *rami*.

Linceul, *kafan*, Ar.; ensevelir, — *kan, mangafani*.

Linge, *kaïn*; B. *kaèn*.

Lingot, *tampang*.

Lion, *singa*.

Liquide, liqueur, *ayer*; (adj.) *tjayer*; liquéfier, — *kan*. Liqueurs fermentées (indigènes) *arak, tuwak*.

Lire, *batja*; (le Coran, des prières) *mengadji*.

Lisse, *litjin*.

Lit, *tampat tidor*.

Lithographier, V. imprimer.

Livre, *kitab*, Ar.; *boukou* (book, boek)

Livre (poids) *pound*, A.

Livrer, *serâ, serâkan*. Se —, se rendre, — *dirigna*.

Loger, V. demeurer.

Loi, *adat*, Ar., *chart*, Ar., *houkoum*, Ar., *ondang*.

Loin, *djao, djaou*; éloigné, *yang*—; éloigner, *mendjaokan*; s'—, — *dirigna*; V. reculer.

Loisir, *senang*.

Long, *pandjang*; long de 2 coudées, *pandjanggna doua asta*; de quelle longueur? *brâpa pandjanggna*; le long de, *sepandjang*; long en durée, *lâma*;

depuis longtemps, il y a longtemps, *souda lâma, lâma souda.*

LONGER (ranger) *megnouçor.*

LORGNETTE, longue-vue, *tropong.*

LORSQUE, *apabila, tetkala, kapan.*

LOUCHE, *mata djouling.*

LOUER, louange, *poudji.*

LOUER (prendre à louage) *séwa*; donner à —, *bri séwa.* Voiture de —, *karéta séwa.* Combien le loue-t-on? *brâpa séwagna.*

LOURD. *brat.*

LOUTRE, t. chien d'eau.

LOYAL. V. sincère.

LUCRATIF. t. qui donne profit.

LUETTE, V. langue.

LUIRE. V. briller.

LUMIÈRE, lumineux, *trang, tjaya*; un feu, *api*; V. chandelle.

LUNE, *boulan*; V. p. 69.

LUNETTES, *tjermin mata, katja mata* (miroir ou verre d'yeux). V. lorgnette.

LUTTE, lutter, *lawan*; V. bataille; joûte, *belomba.*

LUXE, V. ornement, somptueux.

M

MÂCHER, *kougna, mamah, pepaq*; — le bétel, *makan siri.*

MACHINE, *pekakas.*

MAÇON, *toukang batou.*

MADRÉPORE, *kârang*; — en branches, — *bounga.*

MAGASIN, *goudang, guedong*; V. boutique.

MAGIE, V. sorcier.

MAGISTRAT, *hakim*, Ar.

MAGNIFIQUE, *maha-moulia*; V. précieux, généreux.

MAHOMÉTAN, V. musulman.

MAIGRE, *kourous.*

MAILLOT, V. lange.

MAIN, *tangan*; donner la —, *kaci* —; la tendre, *oundjoq* —; la secouer familièrement, *kontjang* —. La paume, *tapaq* ou *telapaq* —.

MAINTENANT, *sekarang.*

MAIS, *tetapi, tapi, tapé*; — bien, V. au contraire.

MAÏS, *djagong.*

MAISON, *rouma*; V. meuble.

MAÎTRE, *touan*; professeur, *gourou, orang pengadjar*: directeur, préposé, *djourou, kapala*; contre-maître, *toukang agong* (ouvrier principal).

MAJESTÉ, V. seigneur.

MAL, maladie, malade, *sâket, sakit*; maladie, *pegnaket*; — grave, *sâket paya.* Tomber —, *djadi* ou *djato sâket*; rendre —, *kaci sâket.* Mal de mer, *maboq laout* (V. ivre.) Mal (douleur, douloureux) *rasa sâket, pedi, pedé*; (peine, fatigue) *ouça, souça*; (défectueux, mauvais) *sala, djaat.*

MALADROIT, t. non habile, non rusé.

MÂLE, V. p. 72.

MALGRÉ, V quoique. Malgré lui, *dengan tida soukagna* ou *kaèndaqgna* (sans son gré ou sa volonté.)

MALHEUR (adversité, accident) *tjelaka, bâya*; mauvaise

chance, *ontong djaat*. Malheureux, t. non heureux, pauvre, chagrin. *Tjelaka* peut avoir un sens méprisant : *orang — itou*, ce misérable, cet homme de malheur.

Malice, malin, V. ruse, fin, méchant.

Malle, *peti*.

Mamelle, V. sein.

Manche (d'outil) *oulou;* (de casserolle) *tangkey;* (d'habit) *tangan, langan*.

Manchot, *koudong tangan sabla* (privé de bras d'un côté.)

Manger, *makan;* (style noble) *santap*. Mangé, rongé, détruit par, *dimakan*.

Manglier, *bakaw*.

Mangoustan (fruit) *mangguis, mangguista*.

Mangue (fruit) *mangga*, — de cheval, *batjang*.

Manière, *matjam;* (moyen) *djâlan;* à la — de, *tjâra;* de quelle —? *beguimâna, apa matjam, apa djâlan;* de cette —, ainsi, *demkian, beguini, beguitou;* de la même —, — *djouga*. Manières, tenue, *lakou, tingka, pri;* (langage) *bahaça*.

Manquer, — de, être en moins, *korang, kourang;* le manque de, *kakorangan*. Ne manquez pas de, *djangan alpa* (ne négligez pas,) *djangan loupa* (n'oubliez pas.) Je ne manquerai pas, *tentou* (pour sûr;) il ne manquera pas de venir, *tidâpat tida datang* (ne peut ne pas venir). Il a manqué de mourir, *dia souda ampir mati* (presque.)

Marais, mare, *rawa;* — salé, saumâtre, *paya;* mare à buffle, bourbier, *koubang, lopaq*.

Marbre, *batou pooualam, marmor*, P.

Marc, V. lie, reste.

Marchand, *orang berdjoual* ou *mendjoual;* négociant, commerçant, *o. beniaga, soudagar;* — étranger, *o. dagang;* boutiquier, *o. berkedey*. Commercer, *beniaga;* trafiquer, *djoual-bli* (vendre-acheter). Marchandises, *barang-barang;* — d'importation, *dagangan*.

Marchander, *tawar*.

Marché, *paçar* (Pers. bazar,) *pakan;* (convention) *djandji;* à bon —, *moura*.

Marche, V. escalier.

Marche, trajet, *djâlan, per — an;* marcher, *djâlan, ber —, ba —*.

Marée, flux, *ayer paçang, paçang naïq;* à — haute, *p. guedang;* forte — de pleine lune, *p. pernama;* — descendante, reflux, *ayer sourout, paçang touron;* à — basse, *p. kring;* morte-eau, *ayerperbani*.

Marge, V. bord.

Mari, *laki, souami;* épouse, *bini;* (style noble) *istri;* marié, V. p. 19; se marier, *kawin*, B. *kawèn;* marier, — *kan, mengawin, nikahkan;* mariage, noce, *nikah*, Ar., *nikah-kawin*.

Marin, maritime, *laout;* navigateur, *orang laout* (se dit surtout des indigènes qui vivent constamment sur mer); matelot, *orang kapal, anaq prao, klaci*, Pers.; B. *matros*, H.

Marionnettes, *orang-orangan*.

MARMITE, V. poële, pot.

MARQUE, *tanda*, *bakas*; marquer, t. mettre ou faire une —.

MARSOIN, *lemba-lemba*, *lembou-lembou*.

MARTEAU, *poukoul beci*, *pemoukoul*, *martil*, E.; maillet, *gandin*, B. *gandèn*.

MASCULIN, V. p. 72.

MASQUE, *touping*, B. *topèng*.

MASSAGE, *pidjat*.

MASSUE, *gada*.

MAT, *tiang*; grand mât, — *agong*; de misaine, — *toupang*; d'artimon, — *penorong*; de hune, — *pengapo*; beaupré, *semandèra*. Navire à trois mâts, *kapal tiga tiang*, *kapal bertiang tiga*. Trois mâts barque, *tenga tiga tiang*. Mât de cocagne, *pandjat-pandjatan* (V. grimper).

MATELAS, *tilam*.

MATELOT, V. marin.

MATIN, *pagui*, — *ari*; de grand —, *pada pagui-pagui*.

MATRICE, *kandeng*.

MAUVAIS, *bourouq*; — au goût, *râça* —; méchant, *djaat*.

MÈCHE, *sembou*, *soumbou*.

MÉCONTENT, V. colère.

MÉDECIN, *doukoun*, *doctor*, E. Médecine, remède, *ôbat*.

MÉDIRE, *ompat*.

MÉFIER (se), V. douter. Méfiez-vous! *inggat-inggat*, *djaga*.

MÉLASSE, t. eau de canne.

MEILLEUR, mieux, *lebé baïq*, *lebé bagous*.

MÊLER, mêlé, *tjampour*, *katjouq*, *gaoul*; embrouillé, *kouçout*; pêle-mêle, V. désordre; se mêler à *bertjampour dengan*; se mêler de, *pedouli*, Ar. (de, *akan*).

MELON d'eau, V. pastèque.

MELONGÈNE, V. aubergine.

MEMBRE, *anggouta*; — viril, *boutou*.

MÊME (ipse) *sendiri*; moi —, *sâya* —, — *kou*; vous —, *touan* —, *kamou* —, — *mou*; lui —, *dia* —, — *gna*. Même (semblable) *sama djouga*, *sa*... (satou): de même longueur, *pandjanggna sama djouga* (V. aussi); de même forme que, *sroupa dengan*, *roupagna saperti*; de même nom, *sanâma*; habitants du même campon, *orang sakampong*. Même (adv.) *djouga*, *lagui*, *poun*: celui-là même, *itoulah djouga*; je crois même, *dan lagui sâya piker*; pas même un, *satou poun tida*. De même (nonobstant) *djouga*; (ainsi) V. manière.

MÉMOIRE, V. souvenir, compte.

MENACER, *amang*.

MÉNAGE, V. famille, meuble.

MENDIER, *minta derma*, *minta wang*. Mendiant, *orang minta*; (religieux) *fakir*, Ar.

MENER, V. conduire.

MENOTTES, *rantey tangan*.

MENSONGE, *bohong*, *dousta*; mentir, *ber* —.

MENSTRUES, V. règles.

MENTON, *dagou*.

MENUISIER, *toukang kâyou*.

MÉPRISER, V. vil; (ne pas tenir compte) *tida indàkan*.

MER, *laout*; pleine mer, océan, *laoutan*; mer intérieure, grand lac, *taceq*.

Mercenaire, *orang makan gadji, orang oupâan.*

Merci, *trima kaci.*

Mercure, V. argent.

Mère, *ibou ;* (style noble) *bonda ;* (terme d'affection ou de respect) *ma, ama, mama.* Belle-mère (nouvelle épouse du père) *ma iri*, (mère du mari ou de la femme) *mentoua perampouan, mama maratoua.* Grand'mère, *nénaq perampouan.*

Mérite (d'une action) *pahala.* Mériter, V. digne.

Merveilleux, V. étonnant, admirable.

Messager, V. envoyer.

Mesure, *oukour,* — *an ;* (de capacité) *soukat,* — *an.* Mesurer, *oukour,* — *kan, soukat, megnoukat.*

Méthode, *djalan ;* V. arrangement.

Métier, V. état ; — de tisserand, V. tisser.

Mets, *makanan.*

Mettre, placer, *tarô, boubô;* (revêtir, porter) *pakey, memakey.*

Meuble, *pelakas*, *serba rouma ;* — d'ornement, *periaçan.* La maison et son mobilier, le ménage, *rouma tangga* (propr. « maison à échelle » ou « la maison et l'escalier »).

Meule, V. moudre.

Meunier, *toukang tepong.*

Meurtre, V tuer.

Midi (sud) *selatan ;* (heure) V. p. 68, note.

Miel, *ayer madou ;* rayon de —, *sârang* ou *indong madou.*

Mieux, V. meilleur.

Migraine, *saket kapala.*

Milieu, *tenga ;* au —, *di* —, *pada* —.

Mille (tiers de lieue) *mil,* Ar. *maïl,* A. et H.; *batou,* (borne).

Mille-pieds, V. scolopendre.

Millet, *renda djawa.*

Mince, *alous, nipis.*

Mine (gisement) *tambang, mariou ;* (tranchée) *galian ;* miner, creuser, *gali, menggali;* mineur, *orang* —, *o. tambang.* Mine (air) *roupa ;* V. teint.

Ministre (conseiller royal), *mantri.* V. prêtre.

Minium, *sèdèlenggam.*

Minuit, *tenga mâlam.*

Minute, *minit, minout,* E.; V. instant.

Miracle, V. merveilleux.

Miroir, *tjermin*, *katja mouka.*

Misère. V. pauvre, malheur.

Miséricorde divine, *rahmat Allah*, Ar ; V. pardon, pitié.

Missionnaire, *pâdri,* P.

Mitraille, *sembouran*, *anggor.*

Mobile (adj) *ourey, bergoyang.*

Mode, à la mode de, *tjara.*

Modèle, *atjawan;* V. échantillon, forme.

Modéré, V. moyen, doux.

Moderne, V. nouveau.

Modeste, V. honteux, convenable, moyen.

Modifier, V. changer.

Moelle (d'os), *soumsoum, outaq* ou *goumoq toulang* (V. cervelle, graisse) ; — végétale, *ici batang.*

Moeurs, V. conduite, coutume.

Moineau (pierrot), *bourong pipet* ou *pipit*.

Moins, *korang* (que, *dèri*;) au moins, *sekorang-korang*; à moins que, *melaïnkan*, *âgna*, *ketjouali*.

Mois, *boulan*; V. p. 67.

Moisi, *bâci*, *lapou*; se moisir, *djadi* —.

Moisson, V. récolte.

Moitié : la —, *satenga*, *stenga*; V. partie; à moitié ivre, *tenga maboq*.

Moment, V. temps, instant; au — de, *ampir*, *tetkala* —.

Monceau, V. tas.

Monde (le), *dounia*, *âlam*; la terre, *boumi*. Du monde (des gens) *orang*.

Monnaie, *wang*, — *touney*; V. pièce.

Monopole, V. vendre, ferme.

Monsieur, *touan*; messieurs, *touan touan*.

Mont, montagne, *gounong*; colline, *boukit*, *bouket*; monticule, *bouçout*.

Monter, v. n. et a. *naïq*, *nëi*; — une horloge, v. p. 69.

Montre, v. p. 69.

Montrer, *kaci lihat*; V. indiquer, évident.

Moquer (se), V. railler. Je m'en moque, *tida pedouli*.

Morceau, *potong* (coupure); un — *sa* —; (d'étoffe) V. pièce; fragment, *siça*, *rapo*.

Mordre, *guiguit*; (d'un oiseau, d'un serpent) *pagout*, *patoq*.

Mort, V. mourir.

Mortel, (périssable) *fena*, Ar.; (d'un combat, d'un chagrin) *sabar*; (d'une maladie) *sampey mati*.

Mortier (à piler), *leçong*; (ciment) *kapoar*.

Mortifier, t. donner honte.

Morve, *ingous*.

Mosquée, V. temple.

Mot, V. parole.

Motif, V. cause, intention.

Mou, *lembeq*, *lembé*, *lounaq*, *liyat*; V. paresseux.

Mouche, *lalat*; — lumineuse, *klip-klip*, *api-api*.

Moucher (se), *bouang* ou *sapou ingous*.

Mouchettes, t. ciseaux de chandelle.

Mouchoir, *sapou tangan*, *stangan*, (V. p. 3[illegible]) — de tête, *boulang-boulang*, *destar*, Pers.

Moudre, *kiçar*, *guiling*; moulin, — *an*; meule, *batou* —.

Mouillé, *baça*; mouiller, *mem* —, — *kan*; V. arroser, tremper. Mouiller, jeter l'ancre, *labô*, *labou*, *ber* —, *djatokan saoh*; mouillage, *labouan*. Relâcher, *singgah*.

Moule, *atjawan*, *touwangan*; mouler, *touwang*. Moule (coquillage) *koupang*.

Moulin, V. moudre.

Mourir, *mati*; (royal) *mangkat*, *ilang*. Il est mort, *dia souda mati*; (style épist.) *dia souda meninggal* (il a quitté), *kombalilah ka-rahmat allah* (il est retourné à la miséricorde divine). Mort, décès, *kamatian*; depuis la mort (le départ) de mon père, *sepeninggal bapa* *saya.* Un mort, *orang mati*; V. cadavre.

MOUSSE (végétal) *loumout*; (écume) *bouhi.*

MOUSSELINE, *kaïn kaça.*

MOUSSON, V. saison.

MOUSTACHE, *mici*, *micey*, *koumis.*

MOUSTIQUE, *gnâmoq*, *agas.* Moustiquaire, *kelambou.*

MOUTARDE, *sawi*; *mostard*, E.

MOUTON, *kambing biri-biri*, *domba.*

MOUVOIR, V. remuer.

MOYEN (voie) *djâlan*; V. ruse; moyens, condition, *kedar*, Ar.; suivant ses —, *pada kedargna.* Moyen (modéré) *sedang*, *tenga*; pierre de moyenne grosseur, *batou tenga.*

MUCILAGE, *kantal.*

MUET, *bigou*, *kelou.*

MULATRE, *itam manis* (noir doux).

MULET, *bagal*, Ar.

MULTIPLIANT, V. figuier.

MULTIPLIER, (avoir beaucoup d'enfants) *beranaq bagnaq*; se —, devenir nombreux, *djadi bagnaq.*

MULTITUDE, *bagnaq orang*; la —, le public, *orang bagnaq.*

MUNI, *langkap*, *sedia*, (de, *dengan*;) B *palé*; V. p. 19, la part. *ber.* Munir, *melangkap*, *sediakan*; équipement, *kalangkapan.* Munitions, *pekakas*, *serba*; — de guerre, — *prang.* V. vivres.

MUR, muraille, *timbouq*, *tèmboq*; — de clôture, *pagar* —; cloison, *dinding.*

MÛR, *maçaq*; pas mûr, vert, *mantâ*; trop mûr, blet, *ranoum.*

MÛRE, mûrier, *kartaw*, *krataw.*

MURMURER, *soungout.*

MUSC, V. civette.

MUSCADE, *bouwa pâla*; macis, *bounga pâla.*

MUSCLE, *daging kantjing.*

MUSEAU, *mountjong.*

MUSICIEN, *bidouan.*

MUSIQUE, *bougni-bougni-an.*

MUSULMAN, (adj.) *islam*, Ar. Les —, *orang islam.*

MYOPE, *mata kabour.*

MYROBOLAN (sorte de prune) *kedondong*, *bouwa malaka.*

MYRRHE, *mour*, Ar.

MYSTÈRE, V. secret.

N

NACRE, *koulit moutiara.*

NAGER, *bernang*, *brenang*; nageoire, *sirip.*

NAÏF, V. simple.

NAIN, *orang kèté*, *orang pendeq sekali.*

NAÎTRE, *djadi* (devenir); *datang idop* (arriver à la vie); naissance, *kadjadian.* Né à, natif de, *peranaq*, — *an*; où est-il né? *negri mana dia souda peranaq?* Le premier né, *anaq solong*; le dernier né, *anaq bongsou.*

NAPPE, *kaïn alas médja*, *touâla médja.*

NARINE, *lobang idong.*

NASSE, *belat*; verveux, *djermal*, *djouroumal*

NATION, *bangsa.*

NATTE (pour lit ou tapis)

tikar; (grossière pour banne) *kadjang*; (pour sacs et voiles) *kadout*, V. rideau. Natter, *bertikar*, *agnam*.

NATURE (essence) *zat*, Ar.; (qualité, attribut) *sifat*, Ar.; naturel (caractère) *ati*, *peranqui*, *pri*, *kalakouan*. Naturel, (adj.) V. pur. Les —, V. indigène.

NAUFRAGE, faire —, sombrer, *karam*, *benam*, *tenggue-lam*; couler (v. a.) — *kan*; se briser, *petja*; V. échouer.

NAVETTE, *baléra*, *touraq*; (à filet) *tjouban*.

NAVIGUER, V. voile.

NAVIRE, *praô*, *praou*; — européen, à voiles carrées, *kapal*; — de guerre, *kapal prang*; — de commerce, — *beniaga*. Brick, sloop, goëlette, *skotji*, *kitji*.

NÉCESSAIRE, V. falloir, utile.

NÉGLIGER, négligent, *alpa*, *laley*, *kourang ingat*.

NÉGOCIANT, V. marchand.

NÈGRE, *orang itam*.

NERF, *ourat*; V. cartilage. Attaque de nerfs, V. convulsion.

NET, *soutji*, *tjoutji*; B. *brici*, *bréci*. Nettoyer, *soutjikan*, *megnoutji*, *membrici*; laver, *baçô*.

NEUF, nouveau, *bâro*, *birou*.

NEVEU, nièce, *anaq soudara*, *anaq sapoupou*; enfant du frère, *anaq mouda*; de la sœur, *anaq sanaq*, *kemenakan*. Petit-neveu, *mican*, *micanan*.

NEZ, *idong*.

NI : ni lui ni moi, *boukan dia*, *boukan sâya*; ni beau ni laid, *bagous tida*, *bouroug tida* ou *tada*.

NID, *sarang*; V. poche.

NIER, *mounkir*, *sangkal*.

NITRE, V. salpêtre.

NIVEAU (de) *rata*, *sama* —; niveler, *ratakan*.

NOBLE, *moulia*; (de naissance) *bangsawan*; V. grand, généreux.

NOCE, V. mariage.

NŒUD, *ikat*, *simpoul*; — coulant, *djerat*; — dans le bois, *mata kayou*; de bambou, *boukou*; de loch, *kebat*.

NOIR, *itam*; de fumée, V. suie.

NOIX, V. fruit. — de galle, *madjakani* (?

NOM, *nama*; de même nom, *sanama*; donner un nom, *menamaï*; nommé, *dinamaï*, *namagna*. Comment appelle-t-on cela? *itou apa namagna?* Comment s'appelle cette personne? *siapa nama orang itou?* surnom, titre, *galar*.

NOMBRE, quantité, *bagnaqgna*; V. compte. Nombreux, *yang bagnaq*, *kebagnakan*.

NOMBRIL, *poucat*.

NON, *tida*, *boukan*.

NORD, *outara*; V. compas.

NOUER, *ikat*, *simpoul*; (les cheveux) *sanggoul*, *koundey*, *kondé*.

NOURRIR, élever, *piara*; allaiter, V. lait. Nourriture, *makanan*; V. vivres.

NOUVEAU, nouvellement, *bâro*, *birou*; de —, V. encore.

NOUVELLE, *kebar*, Ar.; bruit, rapport, *brita*, *warta*. Demander des nouvelles, *tagna kabar*; donner une —, *kaci* —, *kabarkan*; s'en donner réciproquement, *berkabar-kabar*.

NOYAU, t. graine dure, intérieur dur.

NOYÉ, t. asphyxié dans l'eau.

NU, *telandjang*, *klandjang*. Nudité, *kamalouan* (honte).

NUAGE, *awan*, *méga*.

NUBILE, *balig*, Ar.; *yang boulé* ou *aros dikawin*.

NUIRE (à quelqu'un), t. faire tort, donner dommage; (à quelque chose), V. détériorer. Nuisible, *djaat*.

NUIT, *malam*.

NUL, V. aucun. Nulle part, t. un endroit n'est, quelque pays n'est.

NUMÉRO, *nomber*, A.; V. chiffre.

O

OBÉIR, t. écouter, suivre l'ordre ou la parole.

OBJET, *porkara*, *banda*; ces objets, *barang barang itou*.

OBLIGER, V. forcer, aider.

OBSCÈNE, V. sale.

OBSCUR, — ité, *glap*.

OBSERVER, V. regarder, suivre.

OBSTINÉ. V. opiniâtre.

OBSTRUER, V. boucher, barrer.

OBTENIR, *dapat*, *berôlé*.

OCCASION, V. temps, circonstance.

OCCUPATION, V. travail. Il est occupé, *ada bekerdja*; — à, en train de, *ada tenga* (au milieu). S'occuper de, V. se mêler.

OCÉAN, *laout beçar*, *laoutan*.

ODEUR, *baou*; odoriférant, *aroum*. Odorat, V. sentir.

ŒIL, *mata*; le globe de l'œil, *bidji* —; la prunelle, *anaq* —; l'angle extérieur, œillade, *ikor* —; coup-d'œil, signe, *kedjap* —; en un clin-dœil, *dengan sakedjap* —. Il a les yeux fermés, *matagna kedjam*.

ŒUF, *telor* (v. p. 41;) — gâté, — *bouçoq*; — frais, — *baro*.

ŒUVRE, V. faire.

OFFENSE, V. injure; offenser, V. colère.

OFFICIER, V. chef; (européen) *officer*, *alpéres* (P. alferes.)

OFFRIR (présenter) *ondjoq*, *kaci*; (à un supérieur) *sambâ*, *megnambâ i*, *persamba*; offrande, *sambahan*, *adia*, Ar. Offrir un prix, *tawar*.

OGNON, *bawang*, — *méra*; ail, *bawang pouté*.

OIE, *angsa*, *gangsa*.

OINDRE, V. enduire, frotter.

OISEAU, *bourong*; — de paradis, — *soupan* ou *sopo*; (aux Moluques) *manouq déwata*.

OISIVETÉ, V. paresse, loisir.

OLIVE, *zéit*, Ar.

OMBRE, *bayang*; ombrage, à l'ombre, *tedo*, *tedou*; ombrager, se mettre à l'ombre, *bertedo*.

OMETTRE, V. oublier, laisser.

OMOPLATE, *balikat*.

ON, *orang*; on dit, *orang bilang*, *kata orang*.

ONCLE, tante, t. frère de père, de mère; on dit aussi: *pa toua*, *pa oua*, oncle aîné; *pa mouda*, *pa ketjil*, *pa tji*, oncle cadet; *ma oua*, tante aînée, etc.

ONGLE, *koukou*.

ONGUENT, V. enduire.

OPINIATRE, *tegar*, *kras*. Entêté, *kapala* ou *ati* —; obstination, *kaèndaq* —.

OPINION, V. pensée; (exprimée) *bitjara*.

OPIUM, *apioun* (Ar. afioum); *madat*, *tjandou*.

OPPOSÉ, V. contraire, refuser.

OPPRESSION (compression, difficulté) *seçaq*; (tyrannie, vexation) *aniaya*. Oppresser, *megneçaq*; opprimer, *menganiaya*.

OR, *amas*, *mas*; or en poudre, *mas pacir*, *mas ourey*; or liquide, *ayer mas*; or fin, *mas toua*; or pâle, mêlé d'argent, *mas mouda*; d'or, doré, *kaamasan*.

ORAGE, *ribut*, *ribot*; *pengawas* (?)

ORANGE, citron, *limaw*, *limo*, Pers.; B. *djerouq*, *djero*; orange douce, — *manis*; mandarine, — *djapoun*; citron, — *açam*; pamplemousse, — *rimaw*; B. — *matjan*.

ORDINAIRE, V. commun, habituel.

ORDONNER, *sourô*; (royal) *titâ*; ordre, *ourdi*, *ordi*, E.; *paçan*; décret, *ferman*, Ar.; sous les ordres, *dibawah parenta*.

ORDRE, arrangement, *atôran*; en ordre, *macing macing pada tampat-gna*, (chacun à sa place).

ORDURE, V. saleté, excrément; ordures, balayures, *sampa*.

OREILLE, *telinga*; B. *kouping*. Cérumen, *taï* —. Boucles ou pendants d'—, *anting-anting*, *krabou*.

OREILLER, *bantal*.

ORFÈVRE, V. bijoutier.

ORGUEILLEUX, *tjongka*, *angko*, *bongkaq*. V. fier.

ORIENT, *timor*.

ORIGINE, *moula*, *açal*, Ar.

ORNER, *igaci*, *meng* —; ornement, *perigaçan*; objets de luxe, *benda inda-inda*.

ORPHELIN, *anaq piatou*.

OS, *toulang*; cartilage, — *mouda*.

OSEILLE, *sayor açam* (?)

OSER, *brani*.

OTAGE, V. garantir.

OTER, V. rejeter, effacer, sortir, enlever, prendre; (un vêtement) *tanggal*.

OU, *ataw*; V. soit.

OÙ, *mâna*, *di* —, *ka* —, *tampat*.

OUBLIER, *loupa*.

OUEST, *barat*, V. compas.

OUI, *iya*; *ada*, *souda*; *sâya* (V. p. 51).

OUÏES (de poisson), *icang*.

OURAGAN, V. tempête.

OURLET, *klim*.

OURS, *brouang*.

OUTIL, *pekakas*.

OUTRE (en) *dan lagui*.

OUVERTURE, V. trou, bouche.

OUVRAGE, V. travail, faire.

OUVRIER, *toukang*.

OUVRIR, *bouka*; ouvert, *ter* —; V. étendre.

P

PAGAYE, V. p. 60, note.

PAGE, *bidang*, *ladjour*, *mouka sourat*.

PAILLE, V. herbe, balle.

PAIN, *roti*, *paong* (P. pão); V. p. 41. (Bloc de cire, etc.) *tampang*. Fruit d'arbre à pain, *soukoun*.

PAIR, *ganap*; impair, *gaçal*.

PAIRE, *paçang*; une —, *sa* —.

PAIX, *damey*; être en —, faire la —, *ber* —. V. calme.

PALAIS, *maligney*; (de la bouche) t. ciel.

PALANQUIN, V. porter.

PÂLE, *poutjat*; (clair) *mouda*.

PALEFRENIER, *toukang kouda*; V. cocher.

PALISSADE, *pagar*.

PALMA-CHRISTI, *djaraq*.

PALMIER : de construction, *nibong*; nain, aquatique, *nipa*; à vin, *anaw*; à sagou, *rombia*.

PALPITATION, *debar*, — *an*, *banting ati*.

PANGOLIN, *penggoling* (rouleur).

PANIER, *bakoul*, *krandjang*.

PANTALON, *salouar*, Pers. *tjelana*.

PANTHÈRE, V. tigre.

PANTOUFLE, *tjerpou*.

PAON, *bourong meraq*.

PAPAYE, *pepaya*.

PAPIER, *kartas*, Ar.

PAPILLON, *koupou-koupou*.

PAQUET, *bongkous*; *pak*, H.; *bandéla*. Empaqueter, *bongkouskan*, *berkemas*.

PARADIS, V. ciel.

PARADISIER, V. oiseau.

PARAÎTRE, sembler, il paraît que, *roupagna*, V. visible, surgir.

PARASOL, parapluie chinois, *payong*.

PARDON, *ampôn*, *ampoun*; *maaf*, Ar. Demander —, *minta* —; pardonner, excuser, *bri* ou *kaci* —.

PAREIL, V. semblable.

PARENT, parenté, *sanaq*; ses parents (père et mère) *ibou bapagna*.

PARESSE, paresseux, paresser, *malas*, *laley*, *segan*.

PARFAIT, *semporna*, *outama*; V. complet.

PARFUM, *baou bagous*, *aroum*; des parfums, *baouba-an*.

PARIER, *betaro*; pari, enjeu, *petaro*.

PARJURE, T. manger son serment, modifier sa promesse.

PARLER, *kata*, *berkata*, *toutor*; vulg. *tjakap*; B. *bitjara*. Parole, phrase, *kata*, *perkataan*.

PARMI, *antara*.

PAROLE, V. parler, promettre, serment. Ma — suffit, t. ma langue suffit.

PARTAGER, *bagui*, *mem* —; séparer en deux, *belah*, *blâ*. Part, portion, partie, *baguian*; un côté, une moitié, *sablâ*; une partie (les uns) *saparo*.

PARTICULIER, V. séparé.

PARTIR, T. aller, sortir, quitter, mettre à la voile; (royal) *berangkat*. Depuis le départ (ou la mort) de mon père, *sepeninggal bapa saya*.

PARTOUT, *di semoua tempat, semana mana.*

PARVENIR, *sampey*; faire —, — *kan*. V. réussir.

PAS, *djangka, langka*; faire trois pas, *djalan tiga* —.

PASSAGE, tranchée, ouverture, *trouçan*; allée, *pelantaran*. — à bord d'un navire, *toumpangan*; prendre —, *toumpang, menoumpang*; demander —, *minta* —; passager, *orang* —.

PASSER, *lalou*; franchir, *melaloui*; B. *liwat*; — une rivière, *sabrang, megnabrang*. Passé, V. fini. L'année —, *taoun yang lalou.*

PASTÈQUE, *semanka, mandiki.*

PATATE douce, *oubi manis, oubi gadang.*

PÂTE, *boubour, loumat.*

PATIENCE, patient, *sabar*. Ar.

PÂTISSERIE, *koué*; *halwa*, Ar.

PATRIMOINE, V. héritage.

PATRON, V. maître, modèle.

PATROUILLE, *ronda*, P.

PAUPIÈRE, l. peau ou couvercle des yeux.

PAUVRE, *meskin*, Ar.

PAVÉ, V. dalle, pierre.

PAVILLON (édifice) *baley*. V. drapeau.

PAYER, *bayar, bayer*; paiement, — *an*; péage, V. impôt.

PAYS, *negri*; contrée, *tâna, benoua.*

PEAU, *koulit*; peaussier, *toukang* —.

PÉCHÉ, *doça, sala.*

PÊCHER (au filet) *poukat*; (à la ligne) *kaïl, mengaïl, pantjing*; pêcheur, *orang pengaïl*; bateau de pêche, *prao poukat*; B. *praou mayang* (?).

PEIGNE, *sisir, sikat.*

PEINDRE, *toulis, menoulis, menggambar*; tableau, *gambar*; peintre, *toukang* —, *orang pandey menoulis*. Peinture (couleur) *tjat, djanang, tinta*, P.; peindre, *loumas dengan* —, *sapou tjat*; peintre, *toukang tjat.*

PEINE, V. difficulté, chagrin, punition.

PELER, *koupas.*

PÈLERIN, pèlerinage (de La Mecque) *hadji*, Ar.

PELLE, V. cuiller, bêche.

PELOTTE à épingles, *bantal pinéti*; (de fil) *toukal*

PENCHÉ, se pencher, *miring, éling, tondoq.*

PENDANT, *sedang, selang*; — ce temps-là, — *itou*; — trois jours, *tiga ari lamagna*; — combien de temps? *brâpa lâma?*

PENDRE (v. n.) *gantong, ber* —; (v. a.) —, *meng* —; pendu, *ter* —; étendoir, portemanteau, *gantongan.*

PENDULE, V. p. 69, note.

PÉNÉTRER, V. entrer, passer.

PÉNITENCE, V. retraite.

PENSER, *piker* (Ar. *fikir*), *kira, sangka*; — à, *ingat*; pensée, *pikiran*; opinion, *sangka, râça, pendapat.*

PENSION, V. école, hôte, passage.

PÉPIN, *boutir, bidji.*

PERÇANT, V. voix, vue.

PERCER, *guiriq, guéreq,*

goreq ; (avec une arme) *tikam* ; B. *touçouq*.

PERCEVOIR, V. prendre.

PERCHE, *batang* ; (pour porter sur l'épaule) *kayou ouçong*; gaffe, *gala* ; une gaffe, *sabatang* —. Conduire à la —, *toulaq*.

PERCHÉ, *doudoq*, *angkap*.

PERDRE, perdu, *ilang* ; perte commerciale, *rougui* ; perdre, *me* — ; au jeu, être vaincu, *alâ*. Se —, s'égarer, *seçat*. Laisser —, *bouang*.

PÈRE, *bâpa*, *pa* ; grand —, *néneq* ; beau — (nouveau mari de la mère) *bâpa tiri* ; (père du mari ou de la femme) *mentoua*, *maratoua*.

PERFIDE, V. traître.

PÉRIL, *bâya*.

PÉRIR, V. mourir. Périssable, *fena*, Ar.

PERLE, *moutiara*, *loulou*.

PERMETTRE, *biar*, *bir* ; *bri*. Permission, *izin*, Ar., *bibas*.

PERPÉTUEL, t. qui n'arrête pas ; V. éternel.

PERROQUET, *bourong nori*, *biteq*, *kaka-toua* ; perruche, *kékeq*, *bayan*.

PERSÉCUTER, V. tyran.

PERSÉVÉRER, *kandjang*, *takan* ; V. opiniâtre.

PERSONNE, *orang* ; une —, quelqu'un, *sa* — ; une seule —, *satou* — *sadja* ; — ne, il n'y a —, *saorang poun tida* ; pour —, *akan saorang poun*.

PERSUADER, V. séduire.

PESANT, lourd, *brat* ; du poids de, *bratgna* ; du même poids que, *bratgna saperti*, *sama brat dengan* ; son pesant de, pour le même poids de, *sama timbang dengan*. Peser (établir le poids) *timbang*, *berdatjing* ; V. balances.

PÉTARD, *petas*.

PETIT, *ketjil* ; — de taille, court, *pendeq* ; petit d'un animal, *anaq*.

PÉTITION, *sourat permintaan*.

PÉTRIR, *loumatkan*.

PÉTROLE, t. huile de terre.

PEU, un peu, *sadikit*, *sediket*, *siket* ; donnez-en un peu, *kaci barang* — ; il y a peu de poissons, *ikan t'ada bagnaq* ; il a peu de barbe, *djanggotgna djarang* (rare).

PEUPLE, gens *orang* ; race, *bangsa* ; la basse classe. *orang ketjil*. V. public, sujet. Peuplé, *ramey*, *mamour*, Ar.

PEUR, avoir —, *tâkot* ; faire —, *kaci* — ; peureux, *penakot*.

PEUT-ÊTRE, *barang-kali*, *brengkali* ; — oui, — non, *anta iya*, *anta tida*.

PHALANGE, *boukou* ou *sindi djâri*.

PHÉNOMÈNE, V. étonnant.

PHARMACIEN, *toukang ôbat*.

PHRASE, V. parler.

PHTHISIE, V. toux.

PHYSIONOMIE, *mouka*.

PIASTRE, *rin*[illegible].

PIC (oiseau) *bourong toukang kâyou*.

PIÈCE, *tampal* ; V. morceau ; mettre une —, *tampalkan* ; rapiécé, *bertampal*. Une — de bois, *sa-batang kâyou* ; d'étoffe, V. p. 60, note ; une — d'or, *sa-keping amas* ; deux — de monnaie, *wang doua keping*.

PIED, patte, *kaki* ; plante

POITRINE, *dâda*. Poitrinaire, *saket* —. V. tousser.

POIVRE, *lâda*; piment, — *méra*. — *pandjang*, *tjabé*, B.

POIX, *damar perakat* (?).

POLI (uni) *litjin*; polir, *mengaçà*; (faire briller) *bertjayakan*. Poli (civil) *soupan*, *adab*, Ar., *yang tao adat*; politesse, *adab*, *lakou soupan*; V. salut.

POLICE, *mata-mata*, *orang djaga*, o. *dâya* (?) *poulis*, *polici*, E.

POLTRON, V. peureux.

POMMADE, *pomada*, P.

POMME de terre, *oubi benggala*, *oubi olanda*, *kentang* (?).

POMPE, *bomba*, P. *bandongan*.

PONCE, *batou timboul*.

PONDRE, *bertelor*.

PONT, *djambatan*; (de navire) *tingkat*.

POPULATION, V. habitants. Populeux, V. peuplé.

PORC, *babi*. Porc-épic, *landaq*.

PORCELAINE, *guélang* (?).

PORT, V. baie, embouchure. — franc, *negri bibas*. Tonnage, *mouatan*; du port de, *boulé mouat*.

PORTE, *pintou*; portier, *p nonggou* —.

PORTE-MANTEAU, V. pendre.

PORTER, *bawa*, *antar*; sur le dos ou sur l'épaule, *pikoul*, *pikol*; sur l'épaule au bout d'une perche, *oucong*; palanquin, — *an*; sur la tête, *djongdjong*; dans une toile en écharpe (un enfant, etc.) *doukong*, *gandong*; V. califourchon, sein. — (un vêtement) *pakey*. Se—, V. p. 27.

PORTEUR, *pengoucong*; porte-faix, *kouli*, indou.

PORTION, V. partie.

PORTRAIT, t. image de fig.

POSER, *tarô*.

POSITION, V. état, rang.

POSSÉDER, V. avoir.

POSSIBLE, V. pouvoir.

POSTE : bureau de —, *rouma post*; B. *kantor post*, H.; la malle, *mail*, A.

POSTÉRITÉ, *anaq tjoutjou*.

POT, cruche, *koundi*, *kendi*, *bouyong*, *takar*; jarre, *tepayan*; pot à cuire le riz, *prioq*, *kipsigaw*, *kipsiaw*, chin.

POTEAU, *tiang*, *batang kayou*; pieu, *pantjang*, *pentjoutjouq*.

POTENCE, *tiang gantongan*.

POTIRON, V. courge.

POU, *koutou*; (de corps) *touma*.

POUCE, V. doigt; (mesure) *inch*, A.; B. *dim* H. *duim*.

POUDRE, pulvérisé, *loumat*, *serbouq*; — d'or, *mas pacir*; sucre en —, *goula pacir*; — à tirer, *obat bedil*, *obat pacang*, *meciyou*.

POULE, *ayam*; V. p. 29; poulet, — *moudu*; poussin, *anaq* —; poulailler, *korongan* —, *reban*.

POULIE, *keri*.

POULPE, *ikan gorita*.

POULS, *nadi*, *dabaran*; son — bat, *berdabar darâgna*.

POUMON, *paparo*, *parouparou*, *rabou*.

POUPE, *bouritan;* cabane de —, *korongan.*
POUPÉE, *bonéca,* P.
POUR, *akan, bagui;* B. *bakal;* (afin de) *endaq, sopaya;* B. *bouat.*
POUR-BOIRE, *wang siri, baksis* (Ar. bakchich).
POURPIER, *daoun guèlang.*
POURQUOI? *kenâpa* (*karna âpa*) *mengâpa, apa sebab, apa moulagna;* je ne sais —, *ta tao sebabgna* ou *moulagna;* voilà —, *sebab itou.*
POURRI (comme le bois) *bouroq, bourouq;* putréfié, gâté, *bouçoq, bouçouq;* dissous, *antjour;* se pourrir, *djadi* —.
POURSUIVRE, *lâri tourot, alaw, oucir, kedjar.*
POURVU QUE, *dâpat, kalo.*
POUSSER, v. a. *toulaq, sorong;* v. n. *toumbou, djadi;* pousse, *toumbouan, poutjoq.*
POUSSIÈRE, V. poudre, cendre; la — (des routes) *abou tana.*
POUTRE, *batang kâyou.*
POUVOIR, *boulé, bolé, dâpat;* possible, *boulé djadi;* le mieux —, *seboulé boulé.* Pouvoir (autorité) *parentah, prenta;* puissance, *kouaça.*
PRATIQUE, V. habitude.
PRÉCÉDENT, V. avant, ancien.
PRÉCIEUX, *indà, moulia;* objets —, *mata benda.*
PRÉDIRE, V. devin.
PRÉFÉRER, t. plus aimer, choisir
PRÉJUDICE, *rougui.*
PREMIER, *pertama;* le —, *yang* —; — ement, *pertama, moula-moula.*
PRENDRE, *ambel;* V. saisir, accepter.
PRÉPARER, V. prêt.
PRÉPUCE, *koulop.*
PRÈS, *dekat, ampir;* s'approcher, *pégui* ou *datang* —.
PRÉSENT, V. don; — er, V. offrir. Présent (adj.) *adap, hadlir,* Ar.; en présence, *di adapan, di mouka;* être en —, se présenter, *mengadap.* A présent, *sekarang;* jusqu' —, *inggan ini.*
PRÉSERVER, V. abriter.
PRESQUE, *ampir.* Presqu'île, *tana mengandjor.*
PRESSER, *pra, apit,* — *kan, takan;* pressoir, *apitan;* presse, V. imprimer.
PRÊT, *sedia, langkap;* apprêter, *sediakan, melangkap.*
PRÊTER (ou emprunter) *pindjam;* prêter, *kaci* —; emprunter, *minta* ou *trima* —.
PRÉTEXTE, *poura-poura.*
PRÊTRE, *pandita, ïmam,* Ar. (chrétien) *padri,* P.
PREUVE, *tanda.*
PRÉVENIR, t. faire savoir.
PRÉVOIR, V. deviner.
PRIER, *minta;* prière (requête) *pemintaan.* Prier, prière (à Dieu) *sambayang;* prier (demander quelque chose à Dieu) *minta doa.*
PRINCE, *baguènda, ratou;* fils de roi, *anaq radja, poutra;* — héritier, *radja mouda.* Princesse, *anaq radja perampouan, ratou, poutri.*
PRINCIPAL, *agong.* — ement, *istiméwa.*
PRISON, *pandjara, koro-*

du —, *tapaq* — ; coude —, *koura* ; pousser du —, donner un coup de —, *tandang* ; ruer, *terdjang*. Pied d'arbre, *pokoq* ; B. *pohoun* ; V. tronc, touffe.

PIÉGE, V. ruse ; trappe, *serkap* ; lacet, *djerat*.

PIERRE, *batou* ; — précieuse, *permata*, *ratna*, *manikam* ; calcul, *pegnaket karang*.

PIEU, V. poteau.

PIEUX, *bakti akan Allah* ; piété, *kabaktian*, *ibadat*, Ar.

PIGEON, *bourong dara*, *merpati* ; — vert (sauvage) *pouney*.

PILE, V. tas.

PILER, V. broyer.

PILIER, *tiang*.

PILLER, *rampas*, *rebout*, *samoun* ; butin, *rampaçan*, *reboutan* ; brigand, *pegnamoun* ; piller en mer, *rompaq*, *membadjaq* ; pirate, *perompaq*, *orang badjaq*, *lanôn*, *ilanôn* (nom d'un peuple de Mindanao).

PILON, *alou*, *antong*, *penoumbouq*.

PILOTE, V. gouvernail.

PILOTIS, *pantjang*, *titian*.

PILULE, *obat bidji*.

PIMENT, V. poivre.

PINCEAU, *kalam boulou*, *k. tjina* ; (brosse) *sapou tjat*.

PINCER, *tjoubit*, *tjobet*, *megnepit* ; pinces, *sepit*, *pegnepit* ; pincettes, — *api*.

PIOCHE, *patjoul*.

PIPE, *pengaçapan*, *peraçapan*, *pengoudout* ; *pipa*, P.

PIQUE, V. lance.

PIQUANT. V. épine.

PIQUER, *tjoutjouq* ; B. *touçouq* ; (d'un insecte) *sengat* ; (d'un serpent) V. mordre. Piquet, *pentjoutjouq*.

PIRATE, V. piller.

PISSER, V. uriner.

PISTE, t. marque du pied, chemin.

PISTOLET, *pistol*, E.

PITIÉ, avoir —, *sayang*, *kacian*.

PLACE, lieu, *tampat* ; esplanade, *médan*, Ar., emploi, V. fonction, servir.

PLACER, *tarô*, *boubô* ; d'un placement facile, V. cours.

PLACENTA. *ourey*

PLAFOND, *tingkat*, *languetlanguet* (V. ciel).

PLAGE. *pantey*, *tepi laout*.

PLAIDER, V. procès.

PLAIE d'abcès, *touko*, *touka* ; V. blessure.

PLAINDRE, *sayang* ; se — (se lamenter) *mengadoh* ; gémir, soupirer, *mengalo*, *meng'elou* ; (accuser) *adou*, *mengadou*.

PLAINE, *padang*.

PLAIRE, *berkenan* ; avoir pour agréable, —, *souka* ; comme il vous plaira, *touan pougna souka*, *kendati* (*kaèndaq ati*). S'il vous plaît, *kalo touan souka* ; *minta touan* (je vous prie).

PLAISIR, *souka* ; avec — *dengan* — *ati*, *dengan senang ati*.

PLAISANTER, V. se divertir, railler.

PLAN, V. dessin.

PLANCHE, *papan*.

PLANCHER, *lantey*.

PLANTE, *tanaman* ; les —, *tanam-tanaman* ; V. végétation.

PUITS, *telaga, prigui.*

PUNAISE, *pitjad, pidjad, pinding;* B. *bangsat, koutou boucouq* (pou puant).

PUNITION, *siksa;* punir, *siksa, megniksa, megnacat;* être puni, *di siksa, kena siksa.*

PUPILLE, *anaq piatou.*

PUR, V. net, clair, vrai, simple.

PURGATION, *pentjahar; pergaci.* E.

PUS, *nana;* suppurer, *ber* —.

PUTRÉFIÉ, V. pourri.

Q

QUADRUPÈDE, *binatang berkaki ampat.*

QUALITÉ, V. nature, espèce, vertu; de première —, t. n° 1.

QUAND. V. lorsque; —? *bila mana, apabila, apakala.*

QUANT à, *akan, seperti.*

QUANTITÉ, V. nombre

QUART, V. p. 17; (service) *djaga.*

QUARTIER, V. ville, côté.

QUE, *yang;* que...? quel? *âpa, mâna.*

QUELCONQUE, V. certain.

QUELQUE, — s, *barang;* — chose, — *satou,* — *apa, sebarang.* Quelqu'un, *saorang.* Quelquefois, *barang kali, kadang-kadang.*

QUERELLE, *bantâ, tengkar,* — *an;* se — r, *ber* —.

QUESTION, — ner, *tâgna.* La demande et la réponse (dans un livre) *soual dan djouab,* Ar.

QUEUE, *ikor, ekor.*

QUI, *yang;* qui? *siapa, sapa.*

QUILLE (de nav.) *rindang.*

QUITTANCE, *sourat lapas.*

QUITTER, *tinggalkan, meninggal.*

QUOI? *âpa;* quoi que, V. quelque.

QUOIQUE, *maski* (P. mas que)

QUOTIDIEN, *saari-ari, sari-sari.*

R

RABOT, *paat nedjis, ketam, paçaq* (?)

RACCOMMODER, *baïki;* V. pièce.

RACE, *bangsa, açal,* Ar.

RACHETER (un captif) *tebous.* Rançon, *wang penebous.*

RACINE, *akar.*

RACLER, *kikis, kicil;* archet, *peng'icil.*

RACONTER, V. histoire, nouvelle.

RADE, *teloq.*

RADEAU, *rakit.*

RADIS, *lobaq* (?).

RAFRAÎCHISSANT, *sedjoq.*

RAGE, V. furieux.

RAIDE, *tegar;* raidir (tendre) *tareq.*

RAIE, V. ligne; sillon, *garis;* rayer, *meng* —; raies d'une étoffe, rayé, *tjoura-tjoura.*

RAILLER, *adjoq, sindir, maki;* V. rire.

RAISIN, V. vigne. — sec, *kismis,* Pers.

RAISON, V. cause, sagesse; âge de —, *akal balig,* Ar. Vous

avez —, t. c'est vrai; à plus forte —, *istiméwa*. Raisonnable, V. sage, convenable, modéré.

RÂLE des riz., *ayam padi*.

RAMASSER, *poungout*.

RAME, *dayong*; — r, *ber—*.

RAMENER, *bawa kombali*.

RAMPER, *melata*; (en serp.) *djoulor*, *soulour*, *megnoulour*; (sur les pattes, ou comme les enfants) *merangkoq*.

RANCE, *tanguey*, *tangué*.

RANÇON, V. racheter.

RANCUNE, V. haine.

RANG (grade) *pangkat*, *mertabat*, Ar. *kedar*; Ar.; rangée, *baris*; en rang, *berbaris*; ranger, V. arranger.

RÂPE, *koukour*, — *an*; râper, *mengoukour*, — *kan*; V. lime.

RAPIDE, V. agile, vite. Courant —, *ayer dras*.

RAPPELER, faire revenir, *panggil kombali*; se —, *ingat*.

RAPPORT, V. nouvelle, revenu. Rapporter, *bawa kombali*. S'en —, *pertjaya*.

RARE, — ment, *djârang*, V. précieux.

RASER, *tjoukour*; rasoir, *pico* —; barbier, *toukang* —.

RASSASIÉ, à satiété, *kegnang*, *keniang*, *djemou*; B. *bocen*; se rassasier, *makan* —.

RAT, *tikous*; mulot des riz., — *padi*; rat musqué, *tjentjourit*, *tjintjorot*.

RATE, V. foie.

RÂTEAU, *sicir* ou *penggarou tana*; râtisser, *megnicir*, *menggarou*.

RATION, t. part de nourriture.

RAVAGER, V. détériorer, piller.

RAYER, V. raie, effacer.

REBELLE, *douraka*.

RÉCENT, V. nouveau.

RECEVOIR, *trima*; (un coup, un projectile) *kena*; accueillir, *samboul*, *djemboul*; V. hospitalité.

RÉCIF, V. p 51, ligne 5.

RÉCIT, V. histoire Réciter (le Coran, des prières) *mengadji*; V. prononcer.

RÉCLAMER, *tontout*, *minta dengan kras*.

RÉCOLTER, *poungout*; moissonner, *ketam*, *meng'etam*, *menouwey*; V. couper; moisson, *touwey*, *penouwèyan*, *peng'etaman*.

RECOMMENCER, t. faire encore.

RÉCOMPENSE, *balas*, — *an*, V salaire. — er, *balas*, *mem* —.

RÉCONCILIER, *baïki*. Réconciliation, V. paix.

RECONDUIRE, *antar*.

RECONNAÎTRE, *kenal*; V. avouer. Être reconnaissant, t. se souvenir, ne pas oublier. Reconnaissance (billet) V. promettre.

RECTIFIER, *betoulkan*.

RECUEILLIR, V. assembler, récolter, obtenir.

RECULER, *oundour*, *sourout*.

RÉDIGER, V. composer. Rédaction, V. libellé.

REDRESSER, *betoulkan*.

RÉDUIRE, V. diminuer.

RÉEL, V. vrai.

RÉFLÉCHIR, V. penser.

RÉFORMER, V. changer, réparer, rejeter.

Refuge, V. abri.

Refuser, t. ne pas vouloir.

Regarder, *tingoq, pandang, tintang, tindjou, tiliq.* Cela me regarde (c'est mon affaire) *itou pekerdjaan sâya*; V. responsable. Cela ne me regarde pas (n'importe), V. égal.

Régime, V. nourriture, grappe.

Règle. — ment, V. loi, coutume. — à régler, *mistar*, Ar. Régler, V. arrêter. Règles, menstrues, t. mois.

Règne, V. roi.

Regret, V. repentir, pitié.

Régulier, *betoul.*

Reine, *istri radja, permisouri*; (régnant) *radja perampouan.*

Reins, *pinggang*; rognon, *boua* —.

Rejeter, *bouang.*

Rejeton, V. pousse.

Réjouir, V. joie.

Relacher, V. mouiller.

Relais, t. changer cheval.

Relever, V. lever, retrousser, remplacer.

Relier, *oubong, meng* —; brocher, t. coudre.

Religion, *agama.* Religieux, V. pieux, retraite.

Remarquer, *ingat.*

Remède, *obat.*

Remercier, *trima kaci.*

Remettre, V. donner, livrer, tarder.

Remonter (une rivière) *moudiq, moudé.*

Remorquer, *tonda, tareq, éla.*

Rempart, V. mur, fort.

Remplacer, *ganti*; relever, *guéler.*

Remuer, v. n. *begra,* (*berguerag*); mouvoir, *angkat*; agiter, secouer, *goyang, kontjang.*

Rencontrer (se) *bedjoumpa, bertemou*, — quelqu'un, — *dengan saorang.*

Rendez-vous : donner —, t. promettre se rencontrer; le — est... *nanti berkompoul semoua orang* (se rassembleront tous les gens).

Rendre, *kaci kombali*; V. rapporter, renvoyer. Se —, V. aller, se livrer.

Rênes, V. bride.

Renier, *mounkir.*

Renommé, V. fameux. Renommée, V. nom, nouvelle.

Renoncer, t. abandonner, reculer de sa volonté.

Rente, V. intérêts.

Renverser, V. tomber, démolir, retourner.

Renvoyer (quelque chose) *balas, kombalikan, poulangkan, antar kombali*; (quelqu'un) V. chasser.

Répandre, V. verser, semer.

Réparer, *baïki, béki.*

Repartir, V. retourner.

Repas, *makanan.*

Repasser (du linge), *strika* (H. strijken).

Repentir (se) *seçal, megneçal.*

Répéter (parol. ou act.) *oulang, ber* —, *meng* —.

Réponse, *djawab*, Ar.; répondre, —, *saout, megnaout*; (à un prince) t. se prosterner;

— à une lettre, *balas sourat* ; — à un discours, *balas bitjara*.

REPOSER (se) t. s'arrêter.

REPOUSSER, *tolaq, tandang*; V. rejeter

REPRÉSAILLE, V. venger.

REPRÉSENTANT, *wakil*, Ar., *yang ganti*.

RÉPRIMANDER, *adjari, togor, nista, mentjela*.

REPRISER, V. raccommoder.

RÉPRIMER, V. punir, contenir.

REPROCHE, V. réprimande.

REPRODUIRE, V. multiplier.

REPTILE, t. anim. rampant.

RÉPUDIER, V. divorcer, chasser.

RÉPUTATION, V. renommée.

REQUÊTE, V. demande.

REQUÉRIR, *papar* ; réquisition, *paparan*.

REQUIN, *iyou; ikan edjoq* (?)

RÉSERVER, *simpan, táro*.

RÉSERVOIR, *telaga, koulam, tambaq*

RÉSIDENCE, V. demeure.

RÉSIDU, V. reste.

RÉSINE, *damar* ; — solide, — *batou* V. goudron.

RÉSISTER, *lawan*.

RÉSOLU (arrêté) *tentou* ; résoudre,— *kan* ; (être décidé à) *mao sekali*.

RÉSONNER, *berbougni*.

RESPECT, *hormat*, Ar. — ueusement, *dengan* — ; — er, *kaci* —. V. craindre.

RESPIRATION, *napas* (Ar. nefes) ; respirer, *ber* —.

RESPONSABILITÉ, *tanggongan* ; j'en suis responsable, *itou* — ou *ditanggong sâya* ; se charger de. *menanggong*.

RESSEMBLANT à, *saroupa dengan, roupagna seperti*; V. semblable, comparaison.

RESSUSCITER. *bangoun* ou *kombali déri mati* ; au jour de la résurrection, *pada ari kiamat*.

RESTAURANT, *rouma makan*

RESTER, *tinggal*; reste, restant, — *an, peninggalan* : laisser, abandonner, — *kan, meninggal*.

RESTITUER. V. rendre.

RÉSULTAT, V. fin ; t. ce qui arrive.

RETARDER, V tarder; (d'une horloge) t. être en arrière.

RETENIR, V. arrêter garder.

RETENTIR, *berbougni*.

RETIRER. V ôter ; se —. V. s'en retourner, reculer.

RETOUR, V. revenir.

RETOURNER. t. aller de nouveau ; (renverser) *bongkar, baliq bl:i* ; s'en —, *poulang, kombali*.

RETRAITE, V. reculer, fuir ; (pénitence) *tapa*, ermite, *orang bertapa, zahid*, Ar.

RETRANCHER, V. ôter, couper

RÉTRÉCIR, (se) V. contracter.

RÉTRIBUTION, *opa, oupa* ; rétribuer, *meng* —.

RETROUSSER, *sanggoul, singsing, singkat*.

RÉUNIR, V. assembler, joindre.

RÉUSSIR. V. prospérer, obtenir, pouvoir.

RÊVE, *mimpi* ; — r, *ber* —.

REVENIR, V. p. 74 ; aller et retour, *pégui baliq*.

REVENANT, V spectre.

REVENU, *hacil*, Ar. V. intérêt.

RÉVOLTE, V. tumulte, complot.

RÉVOQUER, V. briser.

REZ-DE-CHAUSSÉE, *tingkat di bawah*.

RHINOCÉROS, *badaq*.

RHUMATISME, V. douleur.

RHUME, *salima* ; V. tousser.

RICHE, *kaya* ; V. précieux, richesse, *kakayaan* ; biens, *arta*.

RICIN, *djarag*.

RIDÉ, *karout*.

RIDEAU, *kelambou* ; B. *lelangsey*

RIDICULISER, V. railler, rire.

RIEN, *satou apa tidak*, *satou poun tida*.

RIME, *sedja*, Ar. ; *sayaq* (?)

RIRE, *tertawa* ; rire de, ridiculiser, — *kan*.

RIVAL, *lawan*.

RIVE, V. bord, plage, côte.

RIVIÈRE, *sounguey*, *soung'ey* ; B. *kali*. Bras de —, *batang* —. Dans le haut de la —, *di oulou* —.

RIXE, *kelaï*

RIZ (en herbe, en épi) *padi* ; (en grain, mondé) *bras* ; (bouilli) *náci*. Rizière inondée, *sawa* ; — sèche, *ladang*.

ROBE malaise, *kabaya*, Pers

ROBINET, *tjerat*.

ROBUSTE, V fort.

ROCHE, *batou* ; — sous-marine, banc de madrépores, *kárang*, *batou* — ; récifs, brisants *oudjong karang*.

ROGNER, *rantjong*, V. couper.

ROGNON, V. reins.

ROI, *radja* ; empereur, *soultan*, Ar. ; le souverain, *yang dipertouan*. Règne, royauté, royaume, *karadjaan* ; régner, *pegang* ou *memegang k*.

ROMAINE, V. balance.

ROMPRE, V briser, cesser.

ROND, *boulat*, *bountar*.

RONDE, *ronda*, Port.

RONFLER, *garo*, *garou*, *mengo*, *dangkor*, *dengkour*

ROSE, *mawar*, *bounga* — ; eau de —, *ayer* —. (*mawar*. Ar. ma-ward, eau-rose) Couleur rose, t. rouge clair.

ROSEAU (canne) t. feuille-chapelet.

ROSÉE, *ombon*.

ROTIN, *rotan*.

ROTIR, rôti, *panggang*, *goring*.

ROUE, *djantra* ; *roda*, P. : V. rouler. Rouet, *djantra*, *raat*.

ROUGE *méra*.

ROUILLE, *taï beci*, *karatan* ; rouillé, *karat*, détruit par la —, *dimakan karat*, *abis karat*.

ROULER (v. a.) *goling*, *gouling*. — *kan* ; (v. n.) *ber* — ; se —, *ber* — — *kan dirigna* ; V. tourner. Roue, *golongan*. Enrouler, *golong*, *balit* ; enroulé *ter* — ; s' —, *berbalit*, *lilit*. Rouleau (chose roulée) *golongan* ; (servant à enrouler) *penggolong*, *penggoling*. Rouler (d'un navire) *goyang*, *lenggang*, *lembong*, *ouyong galoumpaq* (?)

Roupie, (monnaie) *roupia*.

Route, *djalan*.

Ruban, *fita*, P.

Rubis, *yakout*, Pers. *batou méra* (pierre rouge.)

Rude (au toucher) *keçal* ; V. grossier.

Rue, *djalan*, *lorong*.

Ruer, *sipaq*, *terdjang*.

Ruiné, V. détérioré. Ruines, *robo-rob -an*.

Ruisseau, t. enfant d'eau, enfant de rivière ; V. fossé.

Ruminer, *mamah biyaq*

Ruse, *tipou*, *dâya*. Rusé *tjerdeq* ; V. habile.

S

Sable, *paçir*, V. gravier.

Sabre, *pedang*, (malais) *goloq*, *kampilang*.

Sac, *kirong* ; (à riz, à poivre) *gouni* ; V poche.

Sacré, saint, *koudous*, Ar. ; interdit, *haram*, Ar. ; vénéré (comme certains tombeaux), *keramat*, Ar.

Sacrifier, V. tuer, jeter.

Safran, *kamkama*.

Sage, *berboudi*, *boudiman*, *bidjaksana* ; sagesse, sagacité, *boudi*, *akal* —.

Sage-femme, *bidan*.

Sagou (arbre à) *pohoun sagou*, *rombiya*.

Saigner, V sang.

Saillant (du nez, des lèvres) *mounljong*.

Sain, t. bon pour santé. Sain et sauf, *selamat*, Ar.

Saindoux, t. graisse de porc.

Saint, V. sacré. Les Saints, *el kadiçin*, Ar.

Saisir (attraper, arrêter) *tangkap* ; (prendre ou tenir en main) *pegang*.

Saison, *mouçim*, Ar. ; V. temps. Les Malais ne connaissent que deux saisons : celle des pluies (m. *oudjan*) et celle de la sécheresse (m. *kring*). changement de mousson *pantjarouba*.

Salade, *selada*, P.

Salaire, *gadji*, *oupa*, *opa*.

Sale, *kotor* ; impur, obscène, *nedjis*, *tjemar*.

Salive, *louda* ; bave, *liyor*.

Salpêtre, *sendawa*, *mèciyou manta* (poudre crue).

Salut, bonjour, compliments; *tabé* ; (entre musulmans) *selam*, Ar. ; salut respectueux, honneur rendu, *hormat*, Ar. ; saluer, *bri* ou *kaci* — ; se prosterner, *samba*, *megnamba*. Soyez le bienvenu, *selamat datang touan*. (V. sain ;) adieu *selamat tinggal* ; bon matin, *s. pagui* ; bonsoir, *s. petang*, *s. soré*. Salut de l'âme, *kalas*, Ar. ; sauver, — *kan*.

Sandal (bois) *tjendân*.

Sandale de bois, maintenue par une cheville qui passe entre le pouce et le premier doigt, *terompa*, V. pantoufle.

Sang, *dâra* ; saigner (v. n.) t. le sang coule ; (v. a.) *bouang* —. Sang-dragon, *djarnang*

Sangle, t. lie selle, corde de ventre.

SANGLIER, V. cochon.
SANGSUE, *linta* ; — des bois (se ten. dans l'herbe) *atji*,
SANS, t. avec pas, non avec, dehors, ne se servant pas de ; B. *zonder*, H
SANTÉ, en bonne —, *gnâman* ; V. guéri. A votre —, *touan pougna selamat !*
SAPHIR, *batou nilam*.
SARBACANE, *soumpitan*.
SARCELLE, *belibi*.
SARIGUE, *kouskous*.
SATISFAIT, V. content.
SAUCE, *kouwa*.
SAUF, V. sain, excepté.
SAUMON, V. lingot.
SAUMURE, V. sel.
SAUTER, bondir, *belompat* ; V. danser. — en bas, *terdjoun* Saut, culbute, *souçong*, *souçang* ; en faire, *megnouçong*.
SAUTERELLE, *bilalang*.
SAUVAGE, V. p. 51, note ; V. féroce ; pays —, V. désert, homme —, *orang outan* Noms des princip. tribus de l'int. de la pénins. *djakoun*, *mantra*, *semang*.
SAUVER, V. délivrer, salut ; se — V. échapper, fuir.
SAVANT (adj.) V. habile ; (subst.) *pandita*.
SAVOIR, *taô*, *taou* ; faire —, *kaci* ou *bri* — ; sciemment, *dengan taogna* ou *setaogna* ; à son insu, *tida* — — ; connaissance, savoir, *pengataoan*. Je ne sais si... ou si..., *antâ*... *antâ* ..
SAVON, *saboun*, Ar.
SCANDALE, t. bruit mauvais, honte ; — iser, *kaci malo*.
SCEAU, V. cachet.
SCIE, *garagadji*, *gradji* ; scier *meng* — ; sciure, t poudre de scie.
SCIENCE. (théorie art) *ilmou*, Ar. *hakmat* Ar. V. savoir.
SCOLOPENDRE, *alipan*
SCORPION, *kâla*, *kâlatjingking* ou *djengking*.
SCROFULES, *pourou beka*.
SCULPTER, V. tailler, graver.
SEAU, *timba* ; puiser de l'eau, *menimba ayer*.
SÉBILLE, V. cuvette, coco.
SEC, *kring* ; sécher, *djadi* —, faire sécher, *kringkan* ; (à l'air au soleil) *djoumour*, *djemour*. Séchoir, V. pendre.
SECOND, V. p. 16 et 51.
SECOUER, V. remuer.
SECOURIR, V. aider ; (à la guerre) *bantou*.
SECRET (adj.) V. caché ; un —, *raciya*.
SECRÉTAIRE, *djourou toulis* ; (d'adm. eur.) *secretaris*.
SÉCURITÉ, V. sûr.
SÉDITION, V. révolte.
SÉDUIRE, V. tromper, flatter, charmer ; porter au mal, *membentjanakan* ; — une femme (ou violer ? *rougoul*, *pe* —, *me* —.
SEIGNEUR, *touan* ; le Seigneur Dieu, *Touhan Allah*. O Seigneur, *ya rabbi* ! Ar. Monseigneur, *touankou*, *tengkou* (titre qui se donne aux princes malais;) *seïd*, *sidi*, Ar. (se donne à cert fam d'orig. ar. qui prétend desc. de Mahomet.)
SEIN, mamelle, *souçou* ; gorge, poitrine, *dâda* ; — saillante, — *bountar* ; le bout du

sein, *oudjong soucou, bintil*; matrice, *kandong*; porter dans son sein, *mengandong*.

SÉJOUR, V demeure.

SEL, *garam*; saumure, *ayer* —, saler, *tarô* —, *menggarami*; ea, salée, *ayer macin*; salaisons, *makanan yang macin*.

SELLE, *pelàna, sèla*, P.; seller, *tarô* —; monter sans selle, *tidi pakey* —

SELON, V. suivant, proportionné.

SEMAINE, V. p 67

SEMBLABLE, *sama*. — *djouga*; V. ressembler, tel; et autres , *dan sabagueygna*. Sembler, V. ressembler, paraître; il me semble, t. je pense; faire semblant, *poura poura*.

SEMENCE, V. grain, sperme.

SEMER, *tanam, tabour*.

SENS, V. sentir, signification; bon —, V. sage.

SENSIBLE, aimant, *yang kacé*; cœur compatissant, *ati sayang*.

SENSITIVE, *daoun idop*, feuille vivante *takot manoucia* (craint l'homme.)

SENTENCE, V. jugement, ordre.

SENTINELLE, V. gardien.

SENTIR, sensation, *raça*; V. tâter; impression, sentiment, *raca ati*; sens, *racaan, pe* —. Sentir (flairer) *tjioum*; odorat, *pen* —; cela sent mauvais, *ada baou boucoq*; (cette fleur) sent bon, *baougna bagous* ou *aroum*; elle sent... *baougna seperti*.

SÉPARÉ, distinct, *acing*; — ment *macing-macing*, désuni, *tjerey*; se séparer, *ber* —; séparer, *acingkan, tjereykan*; V. choisir, couper; séparation, *petjerèyan*; V divorce.

SÉPULCRE, V. tombe.

SERGENT, *sourian*, E. B.

SÉRIEUX, V. grave.

SERMENT, *soumpa, soumpa*; jurer, *ber* —, se lier par s récip. *ber* — — *an*, *berteguegóan dengan* —; faire jurer, *megnompa*

SERPE, V. couperet.

SERPENT, *oular*, serpenter, *djoular*.

SERRER, V. presser, conserver; serré (dru) *lebat*; (gêné) *seraq*; serrés, pressés, *bertindé, berkroumoun*.

SERRURE ou clé *kountji*, *kuntji*; serrure, *ma* —, *ibou* —; clé, *anaq* —; fermer à clé, *kountjikan*.

SERVIETTE, *touala* (P. toalha *serbèta*, B. ?

SERVIR, *bakti*; V. aider; — comme domestique, V. p. 31 et 71; comme employé, *ada dàlam pekr djaan*; un repas, V. p. 39 Service, *kabaktian*; V. aide, travail. A quoi sert?... *apa gouna, apa gounagna*; cela ne sert à rien, *tada gouna*. Se servir de; *pakey, paké*.

SERVITEUR, *sàya, amba*; V. domestique, esclave, gouvernante

SÉSAME, *bidjin, langa*.

SEUIL, *bendoul pintou*.

SEUL, unique, *eça, yang satou, tonggal*; (d'une pers.) *saorang*. — *diri, sendiri*; seulement), *sadja*; V. toutefois.

Sévère, *bing'is, kras, tegar*; V. sérieux.

Sevré, *tersaraq*; sevrer, *meunaraq*.

Si, *djika, kalo, kalou*; V. aussi.

Siége, chaise, *koursi, kroci*, Ar.; V. assiéger.

Siffler, *siyol, sioul, ber* —; (du vent) V. bourdonner.

Signature, t. marque de main, paume; signer, t. mettre signature.

Signe, V. marque; faire —, *lambey*; V. œil. Signal, *toudjouan*; faire des —, *toudjou*.

Signification, signifier, *arti*; que signifie...? *apa artigna*.

Silence, V. taire.

Sillon, V. raie.

Simple, V. seul, facile; (non doublé) *salapis*; pur, sans mélange, *samata*; (d'esprit) *bodo, bubal, bingong*.

Sincère, V. vrai; franc, t. cœur ouvert, cœur pur.

Singe, *moynet, mougnet, kera*; orang outan, V. p. 28.

Singulier, V. rare, étonnant

Sinuosité, *balikou*; partie convexe d'une — de riv. *tandjong*; partie concave, *louboq*.

Sirop, t eau de sucre

Sobre, *djimat, djiman*.

Société, V. assemblée, associé, troupe

Sodomie, *pâlat* (?).

Sœur, V frère.

Soi, soi-même, *diri, sendiri, dirigna*.

Soie, *soutra*; cocon, *indong* —; étoffe de —, *kaïn* —; soieries, *barang-barang* —; soie brochée (ou satin ?) *atlas*, Ar.; taffetas du Bengale, *padendang*.

Soif, *dâga, aous*; avoir —, altéré, *ber* —.

Soin, avoir —, *ouça*; V. attention, garder, élever.

Soir, *petang, soré*.

Soit... soit..., *baïq... baïq..., mao... mao...*; V. ou.

Sol, V. terre.

Soldat, *pendjourit*; B. *pradjourit*; *laskar*, Pers.; (combattant) *orang berprang*; soldat europ ou dressé à l'europ., *soldado*; cipaye, *soupay*.

Sole, t. poisson langue.

Soleil, *mata-ari* (œil du jour); soleil levant, — *naïq* ou *terbet*; soleil couchant, — *touroun* ou *maroq*; au soleil, *di panas* (à la chaleur); exposer au soleil, *djoumour*.

Solide, V. fort, coagulé.

Solitude, V désert.

Sombre, V. obscur, noir.

Sombrer. V. naufrage.

Somme, V total, nombre.

Sommeil, V. dormir.

Sommet, *oudjong, pontjaq, kamontjaq*.

Somptueux, *moulia, indâ*.

Son, bruit, *bougni*; (mouture) *dedaq*.

Sonder, *douga, men* —, *loga, djoudja*; son le (la corde) *tâli* —; (le plomb) *batou* —.

Songe, V. rêve.

Sonner, t. secouer sonnette, tirer cloche; — de la trompe, V. souffler; (d'une horloge) V. p. 69; V. résonner.

Sonnette, V, cloche.

SONORE, *gnaring*.
SORCIER, *orang petanong*, *o. pandey betanong*, *o. hobatan*, *sastrawan*; V. devin, astrologue, charme, jongleur.
SORT, *ontong*; V. charme; tirer au —, t jeter les dés.
SORTE, V. espèce.
SORTIR, *pégui kalouar*, *klouar*; faire —, ôter, *klouarkan*.
SOT, V. imbécile.
SOU, *douit*, H. *sènt* (V. p. 33).
SOUCOUPE, t. support de tasse, assiette à thé.
SOUDER, V. joindre, coller (?). Sel à —, V. borax.
SOUFFLER, *tioup*, *menioup*, *ambous*; soufflet, *penioup*, *peng'ambous*, *ambouean*.
SOUFFLETER, *menampar*, *menampiling*; soufflet, *tampar*, *tampiling*
SOUFFRIR, V. douleur, endurer.
SOUFRE, *balérang*.
SOUHAITER, V. désirer, vœu.
SOUILLÉ, V: immonde, taché.
SOÛL, V. ivre, rassasié.
SOULAGER, V. léger.
SOULIER, *kaçout*, *sapatou*, P.; botte, t. — long. Cordonnier, *toukang* —.
SOUMETTRE, V. vaincre, contenir; se —, *tiwas*; V. obéir, se baisser, se livrer.
SOUPÇON, *sak*, Ar. V. doute.
SOUPE, *koua*, *soup*.
SOUPIRER, V. plaindre.
SOUPLE, V. flexible.
SOURCE, V. fontaine, origine.
SOURCIL, *kening*, *alis*.
SOURD, *touli*, *pekaq*.
SOURIRE, *tersignoum*.
SOURIS, t. rat petit.
SOUS, *di bawah*.
SOUSTRAIRE, V. voler, ôter.
SOUTENIR, *sokong*, *djongdjong*; V. aider, certifier; soutien, *sandaran*, V base, protecteur; étaie, *tongkat*; étayer, *menongkat*.
SOUTERRAIN, t. chemin sous terre, cave, trou.
SOUVENIR, *ingatan*; (cadeau) *tjendra-mata*; se —, *ingat*.
SOUVENT, *oulang-oulang*, *terkadang*.
SPÉCIALEMENT, *istiméwa*, *ketaouï*.
SPECTRE, *antou*, *bayang*.
SPERME, *meni*, Ar; *beni*, *kantal*.
SPHÈRE, V. boule; — céleste, *tjerkey*, Pers.
SPIRITUEL, *rouhani*, Ar. V. intelligent.
SQUELETTE, V. carcasse, os.
STATUE, *patong*, *teladan*.
STÉATITE, *napal*
STÉRILE, t. sec, mauvais; (d'une femme) *mandoul*.
STRATAGÈME, V. ruse, moyen.
STRATÉGIE, *hakmat prang*.
STUDIEUX, t. laborieux, qui aime étudier.
STUPIDE, V. imbécile.
STYLE, t. chemin-langage.
SUBIT, —ement, *tiba-tiba*, *kougnong-kougnong*.
SUBSISTANCE, V. vie.

Suc, V jus, gomme.

Succéder, *ganti*; successeur, *orang menganti*.

Succès, *ontong*. — *baïq*.

Succession, V. hérédité, tour

Successivement, *bertourout tourout*, *berganti-ganti*, *maring maring*.

Sucer, *isap*.

Sucre, *goula*; — candi, — *batou*; — en poudre, — *pacir*; sucrer, *tarô* —.

Sud, *selatan*; V. compas.

Sueur, *pelou*, *ayer* —; B. *kringat* (?).

Suffisant, suffire, *tjoukoup*, *sampé*; V. convenable.

Suffoquer, *lemas*.

Suicide. V. tuer.

Suie, *para para*, *arang* —.

Suif, V. graisse.

Suite (de gens) *orang peng'iring*, *peng'ikot*; de —, *sabentar ini*, *sakarang ini*.

Suivant, adj. et quiensuite, derrière, dessous; (adv.) *ikot*, *tourout*.

Suivre, *ikot*, *tourot*, *iring*.

Sujet, V. article, circonstance, cause; (d'un roi) *rayet*, Ar., *anaq bouwa*.

Sultan, *soultan*, Ar.

Supérieur, t. qui dessus, meilleur; V chef.

Supplément, *yang lagui*, *tambaan*, *penamba*.

Supplice, V. tourment, punition, tuer.

Supporter, V. soutenir, endurer.

Supposer, V. penser; supposé que, *kiragna*.

Suppurer, V. pus.

Sur, *atas*. *di atas*.

Sûr. V. certain, acide. Sûreté, V sain, calme, abri

Surgir *timboul*, *terbet*.

Surnager, *timboul*, *agnot*.

Surnaturel, *adjaïb*, Ar.

Surplus, V. reste, excédant.

Surprendre, V. étonner, saisir.

Surtout, *istiméwa*.

Surveiller, V. garder.

Syphilis. gonorrhée, *boungaan*, *saboun*, *bengang*; bubon, *rastoung kotji* (abcès de cochinchine), *pourou k.*, *meletous k.*, *pouting damar* (?)

T

Tabac, *tembakou*, *tambako*; — à priser, — *idong*.

Table, *medja* (P. mesa;) — basse, *doulang*.

Tableau, *gambar*; — noir, *loh papan*; ardoise, *loh batou*, *batou toulis*.

Tache *tjoring*; moucheture, *titiq*; signe, *intiq*; taches de rousseur, t. excrément de mouches. Taché de (sali, *berloumour dengan*.

Tâcher, *tjoba*.

Taie d'oreiller, *sarong bantal*.

Taille, V. grand; (ceinture) *pinggang*.

Tailler, V. couper, équarrir.

Tailleur, V. coudre.

Taire (se) *diam*, *ber* —.

Talc, t. pierre miroir.

Talent, V. habile.

TALION (loi du) *kiças*, Ar. V. vengeance.

TALISMAN, V charme.

TALON, *toumit*.

TAMARIN (fruit) *boua açam, açam djawa*.

TAMBOUR, (europ.) *tambour*; (malais) *gandarang, tebal* Ar. *nobat*, Ar. etc.

TAMIS, *ayaq*; —er, *ayakan*.

TANDIS QUE, *sedang, serâya*.

TANNER. tanné, *samaq*.

TANT, V. autant; que, *selâma, saïngga*.

TANTE, V. oncle.

TAPIS, *permadani*.

TAQUINER, V exciter.

TARD, B *lât* (H. laat.)

TARDER, *tanggô, lambat*; re—, — *kan*; (d'une horl.) t. être en arrière.

TARET, *kapang*.

TARIÈRE, *gourdi, groudi*.

TAS, *timboun, tamboun, souçoun*; en—, *ber—*; entasser, *menimboun*.

TASSE, *mangkoq, ternang*; V. gobelet, coupe.

TÂTER, *djabat, djama, raba*; à tâtons, *beraba-raba*.

TATOUER. *tjatjat*.

TAUPE, *tikous moundou*.

TAXE, V. impôt.

TECK (arbre) *djati*.

TEIGNE, t. dartre de tête.

TEINDRE, *tjelop, men* —, *megnelop*. Teinture, V. couleur.

TEINT, t. eau ou couleur du visage.

TEL, V. semblable, certain; un tel crime, *dôça yang demkian*; (si grand) *yang sebeçar itou*; tel que, *miçalgna*.

TÉLESCOPE, *teropong*.

TÉMOIN, témoignage, *saksi*; témoigner, *bri* —, *naïq* —.

TEMPE, *palipes, palipiçan*.

TEMPÉRANCE. V. sobre.

TEMPÉRÉ, V. moyen, doux.

TEMPÊTE, *ribot*; V. typhon.

TEMPLE, t. maison de prière (ou d'idole.) Mosquée, *mecedjid, mesguid*, Ar. Le temple de La Mecque, *kâbah* V. église.

TEMPS (moment, époque) *koutika, bila, maça, kâla, waktou*, Ar. *tempo*, P.; date, *diwaça*; B. *tanggal*. (durée) *lamagna*; combien de temps, *brapa lama*; (état du ciel) *waktou, tèmpo*, V. saison; beau temps, *kemaro* Je n'ai pas le temps, *tada senang*.

TENAILLES, *kakatoua* (?)

TENDRE, V. étendre, tirer; (présenter) *ondjoq*; (une corde en bas) *oulour*.

TENDRE, V. mou, doux.

TENIR, *pegang*; V. adhérer; se—, *berdiri*.

TENTE, *kima*, Ar. — de tillac, banne, *kelambou*; — de natte, *kadjang*.

TENTER, *tjoba*.

TENUE, V. manière.

TERME, V. parler, libellé, accoucher.

TERMINER, V. finir.

TERMITE, V. fourmi.

TERRE, *tana*, (le sol, par oppos à l'eau) *darat*; à —, *di darat*; la —, V. monde.

TERRIER, V. trou.

TERRITOIRE, V. district.

TESTAMENT, *sourat paçan*; *waçayat*, Ar.; prescrire, *berpaçan*; léguer, t. donner pour héritage. Le vieux —, *tawrit*, *tourah*, Ar. *sourat perdjandjian lâma*; le nouveau —, *s. p. bâro*; V évangile

TESTICULE, *boa pelèr.*

TÊTE, *kapala*; V face; — d'objet (poignée, manche, partie supér.) *oulou*; V. haut; (de clou) *payong.*

TÉTER, t. sucer lait.

THÉ, *téh*, chin., *cha*, chin. et P; (infusion) *ayer téh*; théière, *tampat téh, téh kwan, téh-ko*, chin.

THÉATRE, V. comédie.

THÉORIE, V. science.

TIÈDE, *souam*; t. un peu chaud, chaud doux.

TIERS, V. p. 17

TIGE, *batang*; (d'herbe, brin) *tangkey.*

TIGRE, *arimaw, rimô*; B. *matjan*; — royal, — *tounggal*; panthère, — *koumbang*; autre espèce (guépa d ?) — *dahan.*

TIMIDE, V. honte, peur.

TIMONNIER, V gouvernail.

TIRER, *tareq*; V arracher, lever, dégainer; — des flèches, V. arc; — une arme à feu, *tembaq, pacang.* V. chasser; — 3 coups à poudre, *bouang obat tiga kali* ou *poutjoq*

TISON, *pontong api.*

TISSER, *tenoun*, *belout*; tisserand, *toukang* —; métier de —, *tenounan, pembeloutan*; tissu, V étoffe

TITRE, V. nom.

TOILE, V. étoffe. Indienne, *kelamkari*

TOIT, *atap* (V p 52, note;) faîte, pignon, V. sommet.

TOMBE, *kobour*, Ar.; mettre dans la —, — *kan*; cimetière, *pe-an, tampat segala* —.

TOMBER, *djato*; V écouler; (de la pluie) t. descendre; faire —, *djatokan*; B. *bongkar, toubrouk.*

TONDRE, *mengounting* (V. ciseaux)

TONNAGE, V. port.

TONNEAU, *tong*; *pipa*, P.; baril, — *ketjil.*

TONNERRE, *bougni pètèr, gouro, gontor, gountour, tagar*; la foudre, *alintar petous.*

TOPAZE, *ratna tjempaya*; t pierre jaune

TORCHE, *soulou, sigui*; V. résine; éclairer à la —, *megnoulou.*

TORCHON, *kaïn sapou.*

TORDRE, *balit, pintal, poulas* Se —, V rouler.

TORRENT, t. eau rapide.

TORT, V. dommage; (causé volont.) *bentjina*; avoir —, V. faute, se tromper

TORTU, *irout*, *kantjouq*, *ménggoq*; V bossu.

TORTUE de terre, *kourakoura*; de mer, *pignou.*

TORTURE, V. tourment; (question) *siyacat*, Ar.

TOTAL, *djoumal*, Ar. V. compte, tout.

TOUCHER, *djabat*, *sento*, *santou*; le —, *pendjabat*; — l'or, *oudji*; pierre de touche, *batou* —. V tâter, atteindre, mouiller, à côté. Touché de, V. pitié.

TOUFFE, *rompon*; une — de bambou, *sa* — *boulouh.* Touffu, *lebat*, *rindang.*

TOUJOURS, *selalou*, *san-*

tiaça; V. encore, de même; pour —, *selima-lima*; il en a — été ainsi, *demkian-lah dèri selâmalamagna*.

Tour (circonfér.) *daïrah*, Ar.; faire le —, t marcher autour, aller de l'autre côté. Tour (révolution) *peridaran*, *guéléran*; (succession changement) *ganti*, *pergantian*, *guéler*, *guéléran*; tour-à-tour, *berganti-ganti*, *berguéler*. Tour (instrum.) *pelarik*. Tour d'adresse, V. jongler. Une tour, *minara*, Ar.

Tourbillon, *pouçaran*; — de vent, — *angin*, *pouting baliong*; V. typhon.

Tourment, *sangsara*; V. inquiétude; —er, V. importun.

Tourner (horiz. comme une meule) *pouçar*, *pouçing*, *kiçar*; (très-vite, comme un tour) *larik*; (virer) *idar*, *guéler*, *ali*, *ber*—; (comme un moulin) *guiling*. Tournez à gauche, *baliq* (ou *baléq*) *ka-kiri*. Faire tourner; visser, *poutar*; tourner la tête, *paling kapala*. V. retourner.

Tourterelle, *tekoukour*.

Tousser, toux, *batoq*. Phthisie, t. toux sèche; V. poitrine.

Tout, tous, *semoua*, — *gna*, *seganap*, *belaka*; tous *sekalian*, *macing macing*; tous les, *segala*, *sekalian*. Tous deux, *kaduagna*. Tout (quelconque) *barang*. Tout-à-fait, *sekali*, *abis*; tout soie *semata-mata soutra*. Pas du tout, *sekali-kali tida*. Tout-à-coup, V. subit. Tout de suite, V. suite; tout à l'heure (bientôt) *sabentar lagui*, (il y a un instant) *tadi*, *baro* —.

Toutefois, V. cependant.

Trace, V. marque, piste.

Tradition, *kata kata oreng lâma*; V. histoire; (relig.) *hadis*, Ar.

Traduire, *salin*; traduit. ter —; traduction, *salinan*; (du Coran) *tafsir*, Ar.

Trafiquer, V. marchand.

Trahison, traître, *dourâka*; *kianat*, Ar.; trahir, *bouat* —.

Traîner, V. tirer; se —, V. ramper; traînant, traînée, *sirat*.

Traire, *pra souçou*.

Trait, V. ligne, figure.

Traité, V. promettre.

Traiter, V. hospitalité.

Traître, V. trahison.

Trame, (d'un tissu) *pakan*.

Tranchant, affilé, *tadjam*; à 2 —, *yang makan kaloua bleigna*.

Tranche, V. morceau, part.

Tranchée, V. fossé, passage.

Tranquille, V. calme.

Transformer, V. changer.

Transparent, *trang-trous*; V. clair.

Transpirer, V. suer.

Transvaser, *salin*.

Transporter, V. porter; — par eau, *tambang*; bateau de transport, *tambangan*.

Trappe, *serkap*.

Travailler, *kerdja*, *kre-dja*, *be* —; travail, occupation, *kerdja*, *pekredjaan*.

Traverser, à travers, *trous*, *lantas*, *tembous*; V. passer. De travers, V. tortu. En travers, *lintang*.

Traversin, *bantal*.

TRÉBUCHER, *sentoq*, *tadong*

TREMBLER, *ketar*, *gomitar*. Tremblement de terre, *goumpa*, *guempa*.

TREMPER, *rendam*, *tjebour*; (dans une teinture) *tjelop*; (un métal) *sapô*.

TRÈS, *terlalou*, *amat*, *sangat*, *bagnaq*, *sekali*; très-beau, *bagous sekali* (V. p. 27, note.)

TRÉSOR, *banda*; trésorier, *band ira*; trésorerie, le trésor, *perbandaran*.

TRESSAILLIR, *kedjot*, *terkedjot*.

TRESSER, *agnam*; V. tordre.

TRÊVE, t. promettre, s'arrêter, combattre.

TRIANGLE, *tiga oudjong* (3 pointes) *tiga persagui* (3 côtés.)

TRIBU, *bangsa*; *kaoum*, Ar.

TRIBUNAL, V. juge.

TRIBUT, V. impôt.

TRIBUTAIRE, *taloq*, Ar.

TRICHER, V. tromper

TRICOTER, *sirout*, *pintal*.

TRIDENT, V. harpon.

TRIER, V. choisir.

TRISTE, *douka souca ati*.

TROMBE, t. arbre d'eau, de vent.

TROMPE d'éléph. *boulaley*.

TROMPERIE, *semou*, *tipou*, V. mensonge; tromper, *semoukan*, *menipou*; tricher, filouter, *kitjou*, *meng'itjou*, V. voler. Se tromper, *secat*, *sala*; égarer, séduire, *secatkan*, *megnecat*.

TROMPETTE, *bouri*; *nafiri*, Pers.

TRONC, *batang*, *tonggol*; (le bas) *pangkal*.

TRÔNE, t. siége de royauté; (au figuré) *douli*.

TROP, t. plus que convenable, beaucoup, très; excessif, exagéré, *terlandjour*, *lampô*.

TROQUER, V. changer.

TROU, *lobang*, *ligang*; troué, t. qui a trou; trouer, V. percer.

TROUBLE, V. désordre, inquiet; troubler, V. importuner. Trouble (adj.) *kerou*; t. non clair, manquant clair; troubler l'eau, *meng'roukan ayer*.

TROUPE, troupeau, bande, *kawan*. — *an*; (milit.) V. armée, soldat; (bataillon, compagnie) *pacouq*; — rangée, ligne, *baris*.

TROUVER, *dâpat*; V. rencontrer, sentir.

TUBE, V. tuyau, sarbacane.

TUBERCULE, V. igname, patate, pomme de terre; (aquat.) *kladi*.

TUER, *bounô*; V. poignarder; se —, — *sama sendirigna*; abattre, *berbantey*, *membantey*; abattoir, *tampat* —; tuer une volaille, t. couper; tuer en observ. cert. cérém. relig., sacrifier, *sambile*. Tué, *terbounô*, *mati dibounô*. Meurtrier, *pembounô*; meurtre, exécution, — *an*.

TUILE, V. brique.

TUMEUR, V. enflé.

TUMULTE, V. désordre.

TURBAN, *serban*, Pers.

TURQUOISE, t. pierre bleue.

TUTEUR, *malim*, Ar. *orang pemimpin* (V. conduire).

TUYAU, *pantjouran*, *selouran*; B. *tjorong*.

TYRAN, — nie, — nique, *aniâya* ; — niser, *meng* —.
TYPHON, *toufân*, Ar.

U

ULCÈRE, *pourou*, *touko*, *touka*. Cancer, *tjerâna*.
UNANIME, V. tous, uni.
UNAU, aï, *koukang*, *kong-kang*, *kamalaçan* (paresseux.)
UNI (égal) *râta* ; (lisse) *litjin* ; (de cœur) *sa-ati* ; (d'opinion) *sa-bitjara* ; (joint) *beroubong*. Unir, *meratakan*, *oubong*, *meng* —.
UNIQUE, V. seul.
UNIVERS, V. monde.
URINE, *ayer kintjing*, *ayer sini* ; uriner, *kintjing*, *bouang ayer* ; la vessie, *tampat* ou *kandong kintjing*.
USAGE, *adat*, Ar. ; selon l'—, *seperti adatgna* ; V. mode, habitude, servir.
USÉ, V. vieux.
USTENSILE, V. outil.
USURE, t. intérêts excessifs ; V. trop.
UTILE, *gouna*, *ber* —, *ouça*, V. servir ; inutile, *taouça*, *tada gouna*, *sia-sia*.

V

VACANT, *kocong* (vide.)
VACHE, *lembou betina*, *sapi betina*.
VAGIN, V. vulve.
VAGUE, *ombaq*, *galoumbang*.
VAILLANT, V. courageux.
VAIN, t. inutile, vide.
VAINCU, être —, *alâ* ; vaincre, *mengalâkan*, *menang*, *djâya* ; vainqueur, *yang menang*.
VAISSEAU, V. navire.
VAISSELLE, *serba badjan*.
VALEUR, V. prix, précieux.
VALLÉE, *lemba*.
VALOIR : cela vaut, *argagna* (V. prix ;) il vaut mieux... t. plus utile, plus convenable.
VAN, *gnirou*, *tampi* ; vanner, *menampi* ; *kirey*.
VANNE, V. écluse.
VANTER, *poudji*.
VAPEUR, *awap* ; navire à —, t. navire feu, n. fumée.
VARICE, *sala ourat*.
VARIÉ, V. espèce. Varier, V. changer.
VARIOLE, *tjatjar*, *pegnaket katoumbouhan*. Marques de —, V. grêlé.
VASE, V. pot, coupe ; V. p. 35, n. 4 ; V. boue
VASTE, V. grand.
VAUTOUR, *rouaq bangkey*.
VAUTRER (se) V. rouler.
VEAU, *anaq lembou* ou *sapi*.
VEDETTE, V. garder.
VÉGÉTATION, *toumbouhan* ; végétal, V. plante.
VEILLE (la) t. jour avant jour hier.
VEILLER, V garder.
VEINE, *ourat*, — *dara*.
VELOURS, *beldouwa*, *biloudou* (P. veludo.)
VELU, V. poil.
VENDRE, *djoual* ; — en gros, souscrire une fourniture, *borong* ; — à l'encan, *lélang*. Vente,

djoualan ; en gros, monopole, fourniture, *borongan*.

VÉNÉRÉ, V. honoré, sacré.

VÉNÉRIEN, V. syphilis.

VENGER, *balas* ; vengeance, — *an* ; V. haîne.

VENIN, *biça* ; venimeux, *ber* —.

VENIR, *datang*, *mari* ; venez ici, *mari sini* ; je viens de Malaca, *saya datang dèri* M. ; je viens de dîner, t j'ai mangé tout-à-l'heure ; il vient d'arriver, t. nouvellement il arrive.

VENT, *angin* (pron. angnin ;) — doux, — *sepi*, — *lema lembout* ; — fort, — *kras* ; très-fort, *ralale*, — *kontjang* ; — contraire, — *sala*, — *di mouka* ; emporté par le —, *diterbangkan* — (V. voler.) Vent (gaz intestinal) *kentout* ; (émis sans bruit) *boumata*

VENTRE, *prot*, *prout*.

VER, *tjatjing* ; larves d'insectes, *oulat*, *bouboq* ; ver à soie, *oulat soutra* ; ver marin, taret (?) *kapang*.

VERGE (membre) *boutou*.

VERGUE, *pabouan*, *batang layer*.

VÉRIFIER, V. examiner.

VÉRITÉ, V. vrai.

VERMILLON, V. minium.

VÉROLE, V. variole, syphilis.

VERRE, *katja* ; cristal de roche, *batou* —, *palembang*. Verre à boire, *glas*, A. et H.

VERROU, *kantjing*, *pengantjing* ; mettre le —, *berkantjing*, *mengantjing*.

VERS, V. poëme. Vers (prép.) V. côté, direction.

VERSER, répandre, *ambour*, *toumpa*, *menoumpa* ; — dans, *touwang*, V. transvaser.

VERT, *idjaw*, *idjo*, *idjou* ; — de gris, *trouci*, *taï tembaya*. Vert (frais) *segar* ; (pas mûr) *manta*.

VERTIGE, *kapala poucing*, *pening kapala*.

VERTU, *kabedjikan*, *pri baïq* ; (puissance) *kouaça*.

VESSIE, V. poche, urine.

VÊTEMENT, *pekaïn*, *pakièn* ; *kapan* ; mettre (un —,) se vêtir, *pakey*, *memakey* ; — qui n'a pas encore été porté, — *yang belom dipakey*.

VEUF, *balou* ; veuve, *perampouan* —, *randa*, *maranda*.

VEXER, V. opprimer, taquiner.

VIANDE, *daging* (pr. daguigne) ; pièce de boucherie, animal abattu, *bantey*.

VICE, V. défaut, méchant.

VICE-ROI, *ganti radja*. V. gouverneur.

VICTORIEUX, V. vaincre.

VIDE, *koçong*, *ampa* ; vider, V. verser, jeter.

VIE, V. vivre.

VIEUX, âgé, *touá* ; vieillard, *orang* — ; vieillir, *djadi* — ; le plus âgé, l'aîné, *yang* — V. ancien. Usé, hors de service, *bourouq*.

VIERGE, virginité, *prawan* ; une vierge, *anaq* —, *anaq dara*.

VIF, V. agile, zélé.

VIGIE, *orang djaga*.

VIGNE, *pohoun* ou *poko anggor* ; raisin, *boua anggor* ; vin, *anggor*, *anggour*, Pers.

VIL, *ina* ; *zalil*, Ar. ; (de

race ou qual. infér.) *dina, renda*; avilir, déprécier, *meng'inakan, merendakan*.

VILLE, *negri*; — fortifiée, *kota*; faubourg, quartier clos ou séparé, ou habité par des gens de même nation, *kampong*; village, *doucoun, deça, kampong*.

VIN, V. vigne.

VINAIGRE, *tjouka*.

VIOL, *gagâan*; violer, *gagâi*; V. séduire; transgresser, *melaloui*.

VIOLENT (du vent) *kras*, (d'un courant) *dras*, (d'une lutte, d'un chagrin) *sabar*, (du pouvoir) *aniyaya*, (de caractère) *bing'is*; *serba sala*, V. grossier.

VIOLET, *oungou*.

VIOLON, *biola* (P. viola.) — à 3 cordes, *rebab*, Ar; *arbab*.

VIPÈRE, *biloudaq*.

VIRER, V. tourner.

VIS, *pelèr iteq* (verge de canard), *pakou oular* (clou serpent,) *skrou* (A. screw, H. schroef), *oulir* Visser, V. tourner.

VIS-À-VIS, V. face.

VISAGE, *mouka*; les traits, *paras*.

VISER, *mitar*, *toundjoq*, *toudjou*; chef pointeur, *djourou mitar*.

VISIBLE, V. voir, évident.

VISITER, aller voir, *koundjong, mengoundjong, lawat*; examiner, *preksa*; faire perquis. *mentjoukey*.

VITE, *lakas*; V. hâte.

VITRE, *katja*; vitrage, *tingkap* —; vitré, *bertoutoupan* —.

VITRIOL vert, *trouci*; blanc (de zinc) *tawas*.

VIVIER, V. réservoir.

VIVRE, vivant, *idop, idoup*; prendre vivant, *tangkap* — ou *dengan* — *gna*; vie (existence, moyens d'—) *kaïdopan*; durée ou époque de la vie, V. âge; de ma vie je n'ai... *saoumorkou belom perna..*; genre de vie, V. conduite; la vie future, *akirat*, Ar. sacrifier sa vie, t. jeter son âme.

VIVRES, *makanan*; *rezki*, Ar; provisions, *bakal*, — *an*.

VOCABULAIRE, V. dictionnaire.

VOEU, souhait, *dòa*, V. désir; engagement, *niyat*, Ar.

VOICI, *inilah*, *bahwa*; voilà, *itoulah*.

VOILE, *toudong*, *toutoup mouka*; voiler, V. couvrir.

VOILE, *layèr*, *layar*; grand' —, — *agong*; mettre à la —, naviguer, *berlayer*, *berlayar*; navigation, *pelayaran*; hisser, ouvrir une voile, *parang*, *l.*, V. tirer, monter; amener, V. prendre, descendre.

VOIR, *lihat*, *liyat*; V. regarder; en vue, visible, *kalihatan*, *terklètan*; le sens de la vue, *peng'lihatan*; vue perçante, *mata tadjam*; vue basse, faible, *mata kabour*.

VOISIN (proche), V. près; habitant la même maison, *sarouma*, *satangga*, *tetangga*; du même quartier, *sakampong*.

VOITURE, *kréta* (P. carreta;) chariot, *râta*, *pedati*.

VOIX, *souara*; — perçante, — *mersik*; à haute —, *dengan*

— yang gnâring ; à — basse, V. doux.

VOLCAN, t. montagne de feu.

VOLAILLE, *ayam*.

VOLER, *terbang* ; poisson volant, *ikan* — ; faire voler, *menerbanghan* ; planer, s'élever, *layang*. Voler (dérober) *tjouri, men* — ; V. piller ; voleur, filou, *pentjouri*.

VOLONTÉ, V. vouloir.

VOLUME, V. grandeur, livre.

VOMIR, *menta, mounta* ; vomitif, émétique, *obat* —.

VOULOIR, *maô, maou, endaq* ; V. désirer. Volonté, *kaèndaq* ; la — divine, *takdir Allah*, Ar.

VOUTE, *langkong*.

VOYAGER, *berdjalan* ; voyage, *perdjalanan* ; — par mer, t. navigation.

VRAI, *betoul, benar* ; V. certain ; vérité, *ka — an* ; c'est vrai, *betoul itou*.

VRILLE, *groudi, gordi* ; *pengguiriq*, (V. percer.)

VULGAIRE, V. commun.

VULVE, *pouki* ; B. *toro* ; — d'enfant, *nono*.

Z

ZÉLÉ, *radjin* ; V. soin.

ZINC, *tembaga pouté, tima sari*.

QUELQUES NOMS PROPRES

QUE LES MALAIS ONT REÇUS DES ARABES

Abraham, *Ibrahim*.
Alexandre, *Iskander*.
David, *Daoud*.
Gabriel, *Djebraïl*.
Jacob, **Jacques**, *Yakoub*.
Jean, *Yahya*, *Youhanna*.
Jésus-Christ, *Iça el-mécih*.
Jonas, *Younas*.
Joseph, *Youcef*, *Youçouf*.
Mahomet, *Mohammed*.
Marie, *Mariam*, *Meriem*; la Vierge —, *Séti* — (Ar. *set-i*, madame.) (1)
Michel, *Mikaïl*.
Moïse, *Mouça*.
Noé, *Nouh*.
Salomon, *Soliman*.

NOMS DE PEUPLES ET DE PAYS (2)

Achin, *atjeh*.
Afrique, *afrika*.
Amboine, *ombon*.
Anglais, *enggris*.
Arabe, *arab*.
Batavia, *betawi*.
Bencoulen, *bengkaoulou*.
Bornéo, *bourni*.
Chinois, *tjina*.
Cochin, Cochinchine, *kotji*.
Coromandel, *kling*.
Egypte, *micir*.
Espagnol, *kastila*.
Europe, *iropa*; Européen, *orang pouté* (blanc); *o. pringgui* (Pers. *faranggui*, Franc.)
Français, *prantjis*; B. *prasman*.
Hollandais, *wolanda*, *belanda*.
Indien, *indou*, *kling* (V. Coromandel;) soldat —, *soupay*.
Israélite, **Juif**, *yéhoudi*, *djéhoudi*.

(1) Le pron. suff. *i* des Ar. = *kou* des Malais : *ya rabbi* ou *ya sidi* = *ya touankou*, ô monseigneur !

(2) La plupart de ces noms ne sont employés (dans le langage régulier) que comme adjectifs : *orang tjina*, Chinois ; *bangsa tjina*, la race chinoise, les Chinois ; *negri* ou *benoua tjina*, la Chine ; *orang djawa*, Javanais ; *poulo* ou *tana djawa*, Java.

Japonais, *djapoun*.

Java, V. la note 2.

Macassar, *mangkaçar*.

Malais, *malayou*, *melayo*; la péninsule —, *tana* —.

La Mecque, *mékah*.

La Méditerranée, t. mer turque, mer d'Europe.

La Mer rouge, *laout [illegible]-zoum*; *l. cham* (mer de Syrie).

Les Moluques, *molouka*.

Nouvelle-Guinée. Terre des Papous, *tana orang papoua* (V. crépu.)

Persan, *parsi*, *adjam*.

Portugais, *portouguis*, *orang protoukal*; — de l'Inde, *serani* (V. chrétien.)

Singapour, V. p. 64, note.

Sumatra, *poulo pertja*, *semantra*.

La Sonde, *sounda*.

Turc, *tourki*, *roumi*; la Turquie, *negri roum* ou *roumiya* (Ar. roum, les Grecs ou Romains d'Orient.)

FIN

Bar-sur-Aube, imprimerie E.-M. Monniot.